STATE OF THE GLOBAL MARKET
FOR SHARK PRODUCTS

[爱尔兰] 菲利克斯·登特
[日] 雪莉·克拉克   编著

杨林林　李惠玉　徐强强　编译

全球鲨鱼产品市场

Published by arrangement with
the Food and Agriculture Organization of the United Nations
by
China Agriculture Press

中国农业出版社
北 京

准备情况

　　本书是对 1998 年制定的联合国粮食及农业组织（FAO）《鲨鱼养护和管理国际行动计划》的补充，旨在减轻鲨鱼捕捞量增加可能对脆弱鲨鱼种群产生的负面影响。

　　本书也作为 1999 年出版的《鲨鱼利用、销售和贸易》（FAO 渔业技术文件第 389 号）的部分补充和延续。该文件的大部分内容仍然有效，如鲨产品利用和加工以及鲨鱼种类生物学特性的有关资料。因此，本书的重点是利用原产地和目的地数据，提供全球鲨鱼产品市场的情况。对于缺失数据的地方，通过查阅全球主要鲨鱼产品贸易商的贸易数据库来评估有关数据。数据的补充使人们能够对各个国家或地区的相对重要性进行更准确和最新的评价，从而为实现调查目标提供更坚实的基础。对各国鱼翅贸易记录的评估也是之前没有研究过的，是一个新的重点领域。但是，本研究在大范围调查中捕捉不到的细节将需要在区域或具体国家的研究中阐明。

前言

    虽然鲨鱼产品的全球贸易总额已达 10 亿美元，但人们对这种全球化市场增长的认知依旧有限。本书尝试解决一些遗留的信息缺陷。调查着重于获取主要鲨鱼产品贸易的关键市场及其贸易伙伴的高质量数据。全球鲨鱼的贸易主要涉及两类产品：鱼翅和鲨鱼肉。所以，本书分为两部分，以进一步分析各个国家和地区的概况、在全球市场中的相对重要性、与其主要贸易伙伴间的特定贸易描述、贸易统计中反映出的明显趋势。必要之时，贸易章节会进行国内贸易以及关联国家和地区市场分析的补充。由于本书没有对搜集的数据进行深度研究，所以重点分析全球鲨鱼产品主要贸易国的贸易数据，以及国内贸易和市场环节。IUCN（世界自然保护联盟）鲨鱼专家组协助提供了多渠道高质量数据。

    贸易记录的体制不利于搜集详细、持续和准确的鲨鱼产品贸易数据。特别是对鱼翅来说，丢失数据、错误编码或合并产品，加工过程的重复计数和修改导致难以确定贸易数量的比例或数量随时间的变化。这意味着需要更多的分析和研究以评估贸易报告机制的适宜性和有效性。这样做不仅有助于分析全球鲨鱼产品市场，也可以促进对 CITES（《濒危野生动植物种国际贸易公约》）名录物种贸易的监管。因此，除了对市场进行描述和分析，本书还包含对各个存在鱼翅市场和加工国家的贸易报告体制的评估。必要之时，还会补充对相关数据可靠性的评估。

    最后，本书提供了一系列专家建议，以期为国际组织、区域渔业管理组织、国家机构和产业主体提供参考，实现鲨鱼种群的可持续利用。建议包含实用政策和产业对全球鲨鱼市场新变化的应对。

目录

第一章
介绍

第一节 概　　述

　　人类捕捞和消费鲨鱼已经持续了几百年，需求增强和经济全球化等多种因素造就了实实在在的全球市场。今天，全世界的产业和手工船为传统亚洲市场提供鱼翅（包括鳐和魟），而同时捕获的鲨鱼肉则通过单独的供应渠道转向需求增长的市场，如巴西。供应链的延长意味着鲨鱼产品在沿区域进行路线贸易或经历多种加工阶段时会经过多个国家。同时，需求增长和反鱼翅捕捞的规定使得鲨鱼身体被充分利用，这也导致市场对鲨鱼肉的需求增长。反过来，这导致渔民越来越多地将鲨鱼视作商业目标，而不是捕捞更具价值的金枪鱼、剑鱼等副渔获。所有这些影响导致对很多鲨鱼种群的捕捞压力增加，包括那些距离消费者很远而不易接触到的物种。这也使得确保当下全球产业的经济红利且鲨鱼资源可持续利用的任务变得十分艰巨。国际组织如 FAO 将起到十分重要的作用。

　　FAO 将 2000—2011 年的全球鱼翅平均贸易额保守估计在每年 3.779 亿美元，其中平均贸易量为每年 1.681 5 万 t。2011 年是可以获取全球数据的最后一年，总贸易额为4.386 亿美元，贸易量 1.715 4 万 t。2000—2011 年鲨鱼肉的平均贸易量为 10.714 5 万 t，价值 2.399 亿美元；而 2011 年报告的全球鲨鱼肉总贸易额为 3.798 亿美元，贸易量12.164 1 万 t。两种商品在贸易中的单价差异明显，鱼翅的价值要高出很多，是世界上最昂贵的海洋食品之一。历史上，这种差异曾导致渔民将鱼鳍从捕捞的鲨鱼身上割下，然后将价值较低的身体丢弃，以实现有限的仓储价值最大化。不过，鲨鱼肉市场的兴起以及严格的规定要求，为鲨鱼身体的充分利用提供了更大的利润，并将该资源暴露于更多的可能增长或至少维持的需求之下，这使得鲨鱼对过度捕捞的脆弱性即便在鱼翅需求下降的情况下也会持续较长时间。这是需要考虑的重点，虽然来自环境组织的反鱼翅捕捞运动在降低鱼翅消费和阻止渔民割鳍方面取得成功，但监测和管理系统的压力依旧存在。

　　在国际上，各个鱼肉和鱼翅市场之间有很大不同。世界上主要的鲨鱼生产国（地区）通常出口两种商品类型，但进口国（地区）的商品重叠则很少。不过，鱼翅和鱼肉分别作为商品分类来统计贸易的普遍做法，导致很难对两种市场进行单独分析。即便有些海关当局坚持对肉和鳍进行分类，也通常有其他数据质量和可靠性的问题，这可能导致对真实情况造成扭曲和模糊且妨碍分析。本书对全球鲨鱼产品市场的概述必须结合全球最重要的鲨鱼产品,特别是鱼翅生产国(地区)、贸易国(地区)和消费国(地区)的贸易报告评估来综合考虑。

第二节　鱼　　翅

鱼翅的消费主要集中在相对较少的东亚和东南亚几个国家,如中国、新加坡、马来西亚和越南。不过,世界上最大的鲨鱼肉消费市场在南美洲和欧洲,其中最重要的进口国是意大利、巴西、乌拉圭、西班牙和韩国,而韩国是鳐和魟的主要进口国。对于鱼翅,出口国覆盖了初级生产国如印度尼西亚和西班牙,这些国家捕捞鲨鱼;再出口国可以进一步分为纯贸易国,如阿联酋,以及加工贸易国,如中国。这种分类有益但不完善,大部分国家或多或少都会参与所有三种活动。

作为最大的鱼翅消费市场之一,中国香港历史上曾是世界上最重要的鱼翅交易区,自有数据以来便占据了进口量和价格的主体,也使得它从20世纪80年代末开始成为全世界最大的进口区。值得注意的是,中国香港也是历史上唯一海关根据其贸易数据将鱼翅分为四类的,坚持使用冷冻、干燥、加工和未加工鱼翅商品代码。中国香港不是生产者,基本上从这里输出鱼翅都是进口自鲨鱼捕捞国或区域贸易国,然后再出口。新加坡在全球鱼翅市场中的地位也是一样,而中国生产大量鲨鱼的同时也消费、进口、加工和贸易(出口和再出口)鱼翅。全球主要的鱼翅出口地区有西班牙、印度尼西亚、中国台湾和日本,鉴于前面提到的数据质量和可靠性问题,无法准确描述鱼翅贸易和鲨鱼捕获数据导致很难准确量化每个生产者的相对重要性。尤其是有些国家所有细节都难以描述,如哥斯达黎加,该国似乎既生产鱼翅,也是邻国和外国船只捕捞的重要贸易集散地。

第三节　鲨　鱼　肉

21世纪初全球鱼翅贸易似乎有所下降,不过全球鲨鱼肉的贸易在2000—2011年稳定增长。FAO官方数据中2011年进口鲨鱼肉12.1641万t(3.798亿美元),相比2000年增长了42%。这种增长很大程度上要归功于全球对海产品需求的增长,而可以满足产品需求增长的替代海洋渔业资源又十分有限。这种增长背后的另一个原因是割鳍规定的广泛实施,该规定要求鲨鱼身体必须和鱼翅一起上岸,鱼翅通常只占身体重量的5%,所以间接促进了鱼肉市场的发展。不过,必须认识到即便随着供应量的增加,很多关键贸易国的鲨鱼肉单价依旧在上涨,这意味着潜在的消费需求增长强劲。

较大的生产国和地区如西班牙和中国台湾,除了是鱼翅市场的供应者,也在向意大利和巴西市场出口大量的鲨鱼肉。乌拉圭也成为一个重要的加工鲨鱼肉的再出口国,对巴西市场的供应增长迅速。欧洲和北美市场如美国、意大利和法国,更喜爱角鲨(狗鲨),虽然可能受到卫生条例的影响,这些条例禁止进口较大的鲨鱼种类,因为其汞含量较高。相对的,中美、南美和亚洲市场似乎主要需求较大型种类。韩国进口鲨鱼肉相对较少,但其在全球鳐和魟进口量上占据绝大多数。总的来说，鲨鱼肉市场比鱼翅更加多样化且区域分散化，因此仍具有很大的扩张潜力。

第四节 信息和数据缺乏

人们对鲨鱼产品日益增长的全球化市场知之甚少，可用的贸易数据仍限制在两种主要贸易产品上：鲨鱼肉和鱼翅。其他产品如鲨鱼肝油和鲨鱼皮也有贸易，但相比之下很少，因此可获取的数据也极为有限。即便是鱼肉和鱼翅的数据也只包含了实际捕捞和贸易产品的比例。捕捞统计虽然在改进，但通常是集成的，如捕捞按种区分，而主要的贸易记录也不允许持续进行产品类型的辨别或长期开展可靠的贸易价值或数量追踪。另外，鲨鱼种类的辨别只在很少的鱼肉贸易记录中会有，至于鱼翅则从来未有。对特定国内市场的认知也十分有限，市场上的产品类型、不同供应链环境的产品价格、典型消费概况和主要需求驱动，诸如此类也缺乏有效信息。

此类信息对关注市场如何影响鲨鱼种群，以及直接牵涉到产业经济活动之中和依赖鲨鱼种群健康的人群至关重要。因此本书试图做三件事，一是在数据允许的范围内，尝试弥补对全球鲨鱼产品市场关键认识的缺陷，辨别市场的关键特征和变化趋势；二是尝试解决数据缺失带来的缺陷；三是根据这些发现，提出一系列可以在国家和国际水平上实施的政策和其他措施建议，以实现鲨鱼种群的可持续利用。

第二章
关键问题、趋势和建议

第一节　关键问题和趋势

如上所述，本书主要聚焦于软骨鱼类产品，国际贸易中的软骨鱼类产品通常按照鱼翅和鲨鱼肉来区分和记录。所以，本书所能提取出的关键问题主要是这两类产品的趋势和模式。这些产品的国内利用，其他产品的贸易和利用，特别是鳐和魟，本书只作了部分分析。总结现有的资料信息看，这些产品数据的缺陷十分显著。

一、鱼翅和鲨鱼肉贸易的总体趋势

如果一个市场可以充分利用一种资源，理论上来说贸易量和捕捞量会有紧随其后或稍有延迟的变化。如果这种模式应用到鱼翅和鲨鱼肉贸易，可以推测 2003 年是一个贸易高峰，当时软骨鱼类的捕捞量达到最高水平（约 89.6 万 t），2008—2011 年下降了约 17%（约 74.6 万 t）（表 2-1）。鱼翅贸易十分符合这种模式。2004 年的进口量达到最大（约1.95 万 t），2008—2011 年下降了 18%（约 1.6 万 t）。然而鲨鱼肉贸易的模式完全不同。2000—2011 年进口和出口量以平均每年 4.5% 的速率稳定增长。这种结果归因于以下因素：鲨鱼肉消费量大幅增加；国际贸易中鲨鱼肉的量增加；国际贸易中明确的鲨鱼肉的量增加（和未分类的鱼相反）。鉴于验证本书采用数据的可靠性难度较大，已有的数据不足以确定这些因素中哪一个才是最重要的，但是多种证据，都有力地支持鲨鱼肉贸易有大幅增长。将鱼翅和鲨鱼肉的趋势结合起来看，结果显示，鱼翅供应受限于已有的软骨鱼类的捕捞量，但鲨鱼肉未被国际市场充分利用，所以进出口贸易可能会继续增长。

综合数据所得出的发现，很可能过度简化了捕捞量和贸易之间的关系。其中一种情形如下，捕捞数据中报告的一个上岸鲨鱼，在进口和再进口（或出口和再出口）中作为加工和未加工产品可能会被重复计算。由于提供数据的国家很少对进口来源国和再进口国进行区分，以及很多国家不对出口和再出口进行区分报告，所以本书没有开展评估调整。而且，很多国家没有对未加工和加工鲨鱼采用不同编码，所以标准化产品重量，如水含量，也成为不可能。这也是为什么鲨鱼产品的贸易监测使用主要贸易中心的统计数据要比使用全球统计汇编更加有效。

二、鱼翅在主要贸易中心的趋势

中国香港是传统的最重要的鱼翅贸易中心，不仅是因为它较大的贸易量和免税地位，也是因为它对加工和未加工鱼翅干燥和冷冻状态保留有不同的编码。不过，2012年由于要将冷冻鱼翅重新归为冷冻鱼肉而对编码实行了修改，一些鱼翅贸易统计信息丢失了。由于2012年之前中国香港不进口冷冻鲨鱼肉，所以可以认为2012年进口的冷冻鲨鱼肉都是冷冻鱼翅，但随着鲨鱼肉国际贸易的增长，这种假设不能维持太久。采用HKCSD（香港特区政府统计处）报告的2008—2010年贸易平均调整数据作为基线（约5 600 t），2011年的贸易量增长了10%，但2012年下降了22%，主要由于干燥、未加工鱼翅进口发生变化。

2012年中国香港出现的鱼翅贸易下降，几乎可以肯定是外部原因导致的，包括：中国捕捞船队带来的国内软骨鱼类产品数量增长；中国政府出台的新规；消费者对鱼翅产品的激烈反对；对割鳍的限制规定；其他贸易禁令和障碍；2001年加入WTO（世界贸易组织）；保护意识的提高。所有这些因素都或多或少带来了一些影响，评价相对影响力的可能性很小。鉴于贸易量和捕捞量之间的关系，2012年的捕捞量在一定程度上解释了这种变化趋势。无论何种情形，中国香港的鱼翅贸易量都将继续缩减。

配合最大贸易中心鱼翅贸易的下降趋势，本书还给出了贸易数据和编码活动的一些新发展。值得注意的是泰国已经超越中国香港成为世界上最大的出口地区，评估显示其最大的贸易伙伴——日本和马来西亚，可能属于世界前四的鱼翅贸易市场。由于3个国家都属于全球最大的15个软骨鱼类捕捞国（表2-1），它们的鱼翅市场规模可能比贸易评估显示的还要大。有一个很大的不确定性，就是这些出口的鱼翅还包括一些其他成分，如水、其他汤类或人造鱼翅。和中国香港、新加坡交易大型高价值的鱼翅不同，泰国、马来西亚和日本主要集中于小型低价值鱼翅。这说明后者的市场对鱼翅有更大的接受度，并对价格相对较低的即食汤类产品有较大需求。与中国香港不同，这些国家的鱼翅市场没有萎缩的迹象。

表2-1　2000—2011年全球主要市场软骨鱼类捕捞产量

国家和地区	产量/t													占比	排名
	2000	2001	2002	2003	2004	2005	2006	2007	2008	2009	2010	2011	平均		
印度尼西亚	113 626	110 311	106 398	117 559	108 944	100 037	110 528	108 539	91 247	107 658	94 318	103 245	106 034	0.13	1
印度	76 057	67 971	66 923	63 771	79 825	61 056	66 367	103 246	87 254	79 747	60 313	73 572	73 842	0.09	2
西班牙	80 357	69 986	50 998	50 656	53 330	42 807	48 311	49 597	57 634	63 521	79 101	89 212	61 293	0.08	3
中国台湾	45 923	42 355	44 412	67 432	43 797	45 945	49 375	48 707	41 042	29 401	24 967	43 073	43 869	0.05	4
阿根廷	25 750	31 784	26 251	31 691	32 039	37 161	40 323	44 359	46 461	40 199	39 707	36 065	35 983	0.04	5
墨西哥	35 260	32 718	30 888	34 429	37 540	35 832	34 976	35 080	29 503	30 305	37 662	31 589	33 815	0.04	6
美国	30 935	22 072	24 076	35 372	30 732	29 793	32 004	34 287	36 906	37 069	37 214	39 331	32 483	0.04	7
巴基斯坦	51 170	49 863	49 904	33 248	30 687	22 877	20 127	16 284	16 335	13 019	11 400	11 752	27 222	0.03	8
马来西亚	24 521	25 209	24 167	27 948	25 053	25 094	22 240	21 764	22 988	22 342	20 621	18 995	23 412	0.03	9
日本	31 873	27 696	32 879	25 543	23 475	25 930	22 795	16 212	16 857	15 292	14 175	10 238	21 914	0.03	10

（续）

国家和地区	产量/t													占比	排名
	2000	2001	2002	2003	2004	2005	2006	2007	2008	2009	2010	2011	平均		
巴西	21 585	20 408	21 737	20 849	20 046	23 753	18 392	17 239	19 657	21 009	21 270	25 960	20 992	0.03	11
法国	24 952	25 799	23 136	22 755	21 800	21 476	19 082	19 618	17 251	19 415	18 684	16 363	20 861	0.03	12
泰国	24 689	24 278	30 208	32 540	27 646	20 745	16 215	13 116	9 079	8 969	6 683	8 220	18 532	0.02	13
新西兰	17 718	19 796	21 238	18 459	16 647	18 032	16 783	17 409	15 965	16 745	18 022	16 171	17 749	0.02	14
斯里兰卡	34 380	29 400	32 753	32 838	26 559	7 610	7 700	4 248	4 410	4 861	8 145	6 455	16 613	0.02	15
葡萄牙	12 783	13 855	14 017	16 999	12 765	15 373	16 856	20 234	19 052	18 509	19 576	19 084	16 592	0.02	16
尼日利亚	13 238	14 626	13 449	15 179	13 560	13 882	14 444	15 292	15 131	17 970	21 625	18 491	15 574	0.02	17
伊朗	12 155	11 635	10 619	15 963	18 318	17 443	15 015	13 187	11 678	13 342	13 615	12 032	13 750	0.02	18
韩国	15 394	14 011	11 961	12 567	12 506	10 110	10 841	12 210	8 970	12 764	13 326	14 126	12 399	0.02	19
英国	17 389	19 346	16 832	19 581	16 232	10 632	8 119	6 442	5 764	5 127	4 634	5 435	11 294	0.01	20
秘鲁	15 405	11 870	14 249	8 613	8 640	9 710	8 620	6 627	6 238	8 692	10 715	10 641	10 002	0.01	21
加拿大	12 899	13 718	13 980	12 366	12 806	12 733	8 807	10 233	5 903	6 622	3 477	3 235	9 732	0.01	22
也门	5 000	7 100	8 600	11 000	12 000	12 800	12 593	10 920	5 544	10 305	8 923	9 548	9 528	0.01	23
澳大利亚	7 543	9 238	9 674	10 519	11 515	11 037	9 176	8 269	8 894	8 648	6 951	6 737	9 017	0.01	24
塞内加尔	10 757	10 058	8 575	7 904	8 887	8 257	10 457	9 931	5 930	7 098	7 758	5 525	8 428	0.01	25
委内瑞拉	5 491	4 718	7 619	11 294	12 567	10 776	6 316	7 329	8 078	8 471	5 106	5 337	7 759	0.01	26
利比亚	—	—	—	—	—	—	—	—	8 937	8 595	5 190		7 574	0.01	27
哥斯达黎加	12 901	9 659	9 007	11 558	4 737	5 314	3 321	4 364	5 035	4 024	3 850	3 635	6 450	0.01	28
马达加斯加	5 736	5 735	5 730	5 728	5 725	5 726	5 717	5 668	5 617	5 617	5 699	5 670	5 697	0.01	29
阿曼	3 891	3 830	4 002	6 089	5 707	5 631	6 122	5 498	6 176	5 478	5 944	7 803	5 514	0.01	30
菲律宾	4 319	5 303	5 734	6 177	5 776	4 746	5 309	5 197	4 752	5 226	5 513	5 061	5 259	0.01	31
摩洛哥	5 599	3 711	4 062	4 639	4 879	6 187	5 296	5 183	6 739	4 734	4 669	3 197	4 908	0.01	32
智利	5 751	5 636	4 391	6 969	5 627	4 885	4 641	4 515	3 333	3 597	3 717	3 107	4 681	0.01	33
马尔代夫	13 523	11 935	11 498	11 522	947	896	856	782	537	457	158	16	4 427	0.01	34
巴拿马	5 502	5 855	6 127	3 901	5 109	5 577	3 841	3 727	4 844	7 033	744	411	4 389	0.01	35
孟加拉国	—	—	—	—	—	—	—	—	4 767	3 933	4 033	4 205	4 235	0.01	36
坦桑尼亚	4 800	5 000	4 000	4 050	4 141	4 040	3 093	3 844	4 008	3 979	4 597	4 965	4 210	0.01	37
乌拉圭	3 032	3 010	4 248	6 023	6 205	5 261	4 734	5 076	3 284	3 138	2 112	2 802	4 077	0.01	38
俄罗斯	5 937	4 876	4 770	4 542	5 463	2 586	1 884	2 952	2 077	2 659	3 635	3 634	3 751	0.00	39
厄瓜多尔	807	2 790	2 120	1 400	1 226	1 254	2 229	4 693	6 632	5 168	5 519	9 160	3 583	0.00	40
其他	54 425	64 418	77 732	66 050	69 306	79 202	63 629	70 125	62 971	61 904	63 921	66 776	66 705	0.08	
总计	893 073	861 579	858 964	895 723	842 764	782 206	757 134	792 003	734 543	752 984	730 694	772 064	805 644	1.00	

资料来源：FAO，2013。

注：数据包括鳐和虹，下同。

三、鲨鱼肉在主要贸易中心的趋势

对鲨鱼肉的贸易监测不像鱼翅那么直截了当，因为没有可以提供全球指标的统计信息中心。相反，一些传统的鲨鱼肉市场，如西班牙、墨西哥和中国台湾，也有很高的软骨鱼类产品进口补充。西班牙出口增加、进口下降，墨西哥进口下降，中国台湾出口和进口都增加，这种矛盾的趋势不好解释。意大利是一个传统的大型鲨鱼肉市场，自身的捕捞产品很少，多年来一直有稳定的进口。相对的，巴西的市场即便有较多捕捞的软骨鱼产品，鲨鱼肉的进口自 2000 年后仍增长了 7 倍（从 2 621 t 到 21 067 t），2011 年巴西成为世界上最大的鲨鱼肉进口国。这些趋势提醒人们，虽然传统市场比较稳定，但新兴市场可能决定全球的发展趋势。

某些情形下，消费者接收到的是鲨鱼肉消费的混合信息。一方面，一些鲨鱼肉被认证符合 MSC（海洋管理委员会）标准和其他一些未认证的标准，受到可持续利用的管理。一些充分利用主张者认为，捕捞作业过程中意外杀死的鲨鱼应该上岸并被消费。某些情况下，软骨鱼肉被提倡在生态基础上进行消费。另一方面，一些保护运动组织劝阻对鲨鱼产品的消费；其他则强调鲨鱼组织中的污染物水平。这些信息很可能会在不同方式上影响贸易。例如，一些小型沿岸鲨鱼更有可能成为鱼肉消费对象，且不太可能有很高的污染物水平。大型远洋鲨鱼，如大青鲨更可能成为鱼翅消费对象并被用于低端鱼丸和鱼糜产品，且更加有可能含有较高的污染物水平。因此，消费者的情绪可能会影响对不同鲨鱼产品的需求。

软骨鱼类的捕捞压力不仅取决于相对显著的鱼翅需求，还取决于相对不显著的鲨鱼肉需求。某种程度上，国际贸易中鲨鱼肉的增长可能是因为鲨鱼割鳍禁令的广泛实施，以及鼓励鲨鱼上岸的政策。这种情况下，国际贸易中鲨鱼肉的增多不会增加鲨鱼的捕捞量。不过，很多主要贸易国家鲨鱼肉的贸易单价出现了上涨趋势，甚至鲨鱼肉的品质也在稳步上升，说明对这些产品的潜在需求在增加。所以，有一些区域即便对鱼翅的需求下降，但对鲨鱼肉的需求在提高。某种程度上，鲨鱼肉代表了某些区域未利用的资源，也有可能当传统渔业达到充分利用或过度利用时，市场会转向利用鲨鱼来提供蛋白质。这些观点说明了持续监测贸易以及分析它们之间潜在联系是十分重要的。

四、种类组成的趋势

虽然手工渔民会利用它们捕捞的任何鲨鱼种类或其他鱼类，但支撑国际贸易市场的通常会有不同的倾向。锤头鲨、长鳍真鲨和大青鲨更适合鱼翅消费，而狗鲨、鲭鲨和翅鲨更适合鱼肉消费。所以，鲨鱼种群通过鱼翅和鱼肉两种不同的方式来影响市场，但在综合贸易统计中可能表现得不明显。而且，没有针对种类的贸易统计，就没法确定贸易中所利用种类的变化，例如，当需求弹性较小的种类捕捞量下降时，更高产的种类补充上来。所以，可以推测鱼翅贸易和捕捞量数据的稳定越来越依赖于大青鲨的支持，其捕捞量在 2000—2011 年维持 5％～14％的增长。从日本、西班牙、中国台湾和乌拉圭的市场可以判断鲨鱼肉的供应也可能越来越依赖大青鲨。

五、未列入国家（地区）贸易报告的鱼翅和鲨鱼肉的利用

本书讨论的鱼翅和鲨鱼肉市场遇到的最大问题就是无法计算国内消费水平。某些情况

下，如新西兰的鲨鱼肉，可以从捕捞量中减去出口量来进行评估。其他情况下，如哥斯达黎加和巴拿马的鲨鱼肉，这种计算会产生负值，因为捕捞量被低估了。这种未报告的情形在小规模或手工船占本国船只比例较高时尤为严重，如本书未提到的很多发展中国家（Gillett，2011）。

量化国内消费对有大型远洋船的国家和地区，如中国、日本，是不准确的，因为除了软骨鱼类渔获报告的不确定性外，渔获属于哪个国家或地区以及这些渔获是否曾经进入本国市场，都是不确定的。一些国家改变了报告方式或变更了远洋渔船规模，如此一来便没有了持续统一的标准，带来了进一步的挑战。

如果出口形式是高度加工过的而非上岸的鱼体，将会带来更多的困难。这种情况下，评估时应考虑加工产量。不过，这通常是不可能的，特别是商品代码将产品形式汇总的情况下。最后，如果捕捞产量数据包含了丢弃（即总捕获量）而不只是上岸量，国内消费可能因丢弃量而被高估了。这些问题中每一个都是不小的障碍，说明解决国内消费带来的不确定性所需的时间要远远超过解决国际贸易的不确定性。

六、鱼翅和鲨鱼肉之外产品的利用

本书分析软骨鱼类贸易的另一个主要缺陷是不能分析鱼翅和鲨鱼肉之外的产品。这些未分析的产品首要是鳐和魟，占了未分类软骨鱼类上岸量的一多半，所以特别重要（Dulvy et al.，2014）。虽然偶尔有条件的地区会开展对鳐和魟的讨论，但2012年之前除了韩国，大部分国家都没有使用HS（统一的商品描述和编码制度）来区分这些产品。而且，鳐和魟在全球贸易中的潜在重要性被韩国加强，韩国是全球软骨鱼肉进口排在第二位的国家，进口的85%是鳐和魟。随着越来越多的渔获贸易开始使用种类编码，预计潜在的大量鳐和魟贸易将进一步显现。

由于对鳐和魟在软骨鱼类贸易中的地位缺乏了解，鳐和魟在鱼翅贸易中的地位通常被忽视。锯鳐、犁头鳐和尖犁头鳐受到鱼翅贸易者的重视，这也是这些种类被过度开发的关键原因。研究发现，鳐和魟占所有受威胁的软骨鱼类（锯鳐、犁头鳐、电鳐、黄貂鱼等）的5/7（Dulvy et al.，2014）。所有犁头鳐都被列入CITES附录Ⅰ中。尽管已经意识到这些威胁，由成员国发布的国家统计汇编而来的FAO数据难以将鳐和魟翅与其他鱼翅区分开，无法在贸易中跟踪锯鳐等种类。

不能处理的其他产品包括软骨、肝和肝油、鳃耙等。有信息显示，这3种产品中，鲨鱼肝和肝油是利用最广泛的。伯利兹、法国、印度、印度尼西亚、肯尼亚、马来西亚、新西兰、苏丹和美国都会使用或出口该产品。印度出口的深海鲨鱼肝提取的角鲨烯价格是出口鲨鱼肉的两倍。新西兰当地鲨鱼肝的供应不足，需要从印度、印度尼西亚和塞内加尔进口原材料（Carson，2013）。软骨产品只在加拿大、中国、日本、南非、苏丹和美国有报告，但应该会更广泛。在日本，胸鳍软骨是生成软骨素的最佳原料，大青鲨经常被利用但加工商也可以使用牛和猪软骨（Nakamura，2004）。鳃耙贸易只在印度、印度尼西亚、莫桑比克和斯里兰卡有出口报告。斯里兰卡的鳃耙制品可以达到110美元/kg，鳃板可达190美元/kg。

七、软骨鱼类贸易统计的限制和可能性

本书考察了软骨鱼类的贸易，但最终决定这些种群未来的是开发率，而不是贸易率。

一个物种可能被大量交易但仍能维持很大的种群；一个物种也可能只有少量贸易但受到灭绝的威胁。所以，贸易只是评估、监测和控制可持续利用的第二方式。对于鲨鱼，其他方式如公海渔业管理、国家倡议和消费环境也是鲨鱼保护的重要方法。基于这些原因，避免孤立地考虑贸易体系是十分重要的。通过和其他形式的管理一起考虑，特别是渔业管理，双方都会被加强且变得更有效。

第二节　关键问题和趋势总结

软骨鱼类的捕捞量和鱼翅贸易在 2003—2004 年达到高峰，2008—2011 年下降了 17%～18%。

鲨鱼肉有不同的趋势，2000—2011 年稳定增长 4.5%，但尚不清楚这种增长中有多大比例是因为贸易数据中商品按种编码造成的。

鱼翅贸易似乎受限于捕捞量，而随着鱼体被充分利用，鱼肉贸易很可能会继续增长。贸易统计的稳定不能说明资源稳定。种类组成可能由低弹性种转变为高产种。

中国香港的鱼翅贸易，曾多年作为市场指标，2011 年增长 10%，之后 2012 年下降了 22%。

新的数据显示泰国、马来西亚和日本的鱼翅市场，虽然集中于小型低价鱼翅，但可能是全世界最大的市场。

2012 年中国香港将冷冻鱼翅和鱼肉混合在同一商品编码下，使得每年对标准鱼翅数量的追踪变得困难，该数量是全球贸易趋势的指标。

其他主要贸易国在 2012 年后将干燥和冷冻鱼翅并入同一类，严重妨碍了贸易的追踪。2012 年，一些国家对鲨鱼肉中的鳐和魟分别报告。

新兴鲨鱼肉市场如巴西，自 2000 年进口量增长了 7 倍，可能会促进全球鲨鱼肉贸易的增长。

尽管鱼体充分利用带来供应量增加，但鲨鱼肉的贸易价格在过去 10 年呈现上涨趋势，这说明鲨鱼肉产品的潜在需求正在增加。

由于现存数据的不确定性，各个国家国内市场软骨鱼类的消费很难估计。

鳐和魟肉的贸易十分不明朗，但韩国是全球软骨鱼肉第二大进口国，85% 是鳐和魟。

鳐和魟翅和喙的贸易，通常来自高威胁种类，知之甚少且通常被忽视。

鲨鱼软骨、鲨鱼肝和肝油、鳃耙等贸易很多国家都有，用于当地消费和出口，但无法量化。

第三节　建　　议

下面给出对改进软骨鱼类产品监测系统，以及使用现有保护和管理工具整合这些系统的具体建议。包括：进一步标准化商品编码以实现持续的贸易监测，整合贸易和渔业管理系统，以及使用贸易系统进行辨别和支持合法的可持续的渔业。

一、进一步标准化商品编码以实现持续监测

在经过多轮讨论之后，WCO（世界海关组织）建议 2012 年所有 179 个成员都应该对鱼翅、鳐和魟采用具体的商品编码。这对更加有效地监测贸易来说是积极的一步。不过，这也造成一些主要鱼翅市场信息的巨大损失。因此，未来将更加难以研究市场因素对软骨鱼类资源所起的作用。

2012 年以前，来自中国香港的贸易统计为世界鱼翅贸易趋势研究提供了一个有用的窗口。原因之一是中国香港为加工、未加工、干燥和冷冻鱼翅保留有不同的商品编码。这些编码使得重复计数和水分（冷冻鱼翅中水占 75%）问题可以修正，并计算出连续的贸易水平指数。虽然不同的编码依旧保留，但 2012 年贸易者已经将冷冻鱼翅视为"冷冻鲨鱼肉"而不是"盐泡鱼翅"（1998 年以来都是如此）。所以，其鱼翅贸易统计不能反映出主要产品形式（冷冻），冷冻鱼翅和冷冻鲨鱼肉混在一起使得逐年追踪标准鱼翅数量变得复杂。

在新加坡，另一个主要的鱼翅贸易中心，冷冻鱼翅在过去 10 年曾被重新分类两次，从"预制鱼翅"变成"冷冻鲨鱼肉"，2012 年又变成"鱼翅"。虽然将冷冻鱼翅与冷冻鲨鱼肉分开是有益的，但冷冻和干燥鱼翅在同一个商品编码下。这意味着对新加坡、印度尼西亚、加拿大和其他 WCO 成员来说（将干燥和冷冻鱼翅统一为一类），标准化进口鱼翅中水分含量是不可能的。鱼翅编码改变总体上看好处有限。虽然鱼翅贸易的数量在更多国家都是可知的（如新西兰和西班牙），但标准量化和计算持续的贸易水平指数依旧十分困难。

一个好消息是，在 WCO 建议对鳐和魟引进不同的商品编码后，一些国家（包括加拿大、中国、法国、日本和美国）和韩国一起对数量进行分别报告。这对鳐和魟的贸易追踪非常有利，特别是在鳐和魟翅被归入鲨鱼翅的情况下。

虽然 WCO 对跟踪该项目的需求可能有限，但为了将有意义的贸易监测持续下去，进一步调整软骨鱼类产品的商品编码是有必要的。当务之急是，4 种鱼翅产品应该分别有不同的商品编码：未加工干燥、加工干燥、未加工冷冻和加工冷冻。有关部门应该提高对改变商品编码的支持度。一个有效的方法是调整国家商品编码系统，作为支持鲨鱼保护和管理的表态。

二、整合贸易和渔业管理系统

和使用具体产品商品编码一样，单一国家可能会选择建立具体物种的商品编码以促进保护物种的贸易监测。这种努力主要是用在 CITES 名录物种上。2013 年 CITES 会议录入的软骨鱼类，如大白鲨、鲸鲨、姥鲨和锯鳐，通常不会有大规模的受管理渔业。不过，加上鼠鲨、白鳍鲨、3 种双髻鲨以及 2 种蝠鲼，这些 CITES 名录物种和鱼种非常需要有渔业管理报告。在 CITES 出口许可没有发现损失的情况下，CITES 部门可能高度依赖渔业统计系统的信息。相应的，提供资源评估渔获数据的渔业统计系统将会通过与贸易数据的联系而得到加强。

考虑到 CITES 与渔业管理系统之间的合作新领域，应当采取一些步骤来保证这些系

统协同工作以取得最佳效果。

首先，CITES 作为一个势头，应该保证有合理分类的渔业和贸易数据记录系统。至少应该包含大白鲨、鲸鲨、晒鲨、鼠鲨、白鳍鲨、双髻鲨、蝠鲼和锯鳐 8 个分类。正如 FAO 捕获产品数据的改进一样，一些国家的记录工作已经开始作出要求甚至更加详细。同样，一些国家已经对 CITES 名录物种实施或开始实施商品编码。鉴于 CITES 录入过程已经考虑到这些物种在贸易中的区别，在渔业中辨别这些物种相对来说比较容易。

其次，各国应该确保这些具体到物种的数据应当在渔业管理部门和 CITES 部门之间实现共享。这种共享可以促进 CITES，为渔业管理提供渔获评估反馈，指明数据需要改进的地方。各国可能会选择使用它们的 NPOA（国家行动计划）作为描述 CITES 和渔业管理部门如何在 CITES 名录物种上进行合作的标准，并用于其他监测物种。也可能会建立其他监测国内消费或其他非贸易用途（如当地鱼肉产品）的框架。

最后，整合贸易和渔业管理应该在国际水平上开展。CITES 秘书处即联合国环境规划署（UNEP）世界保护监测中心（该中心管理 CITES 贸易数据库）应当建立一个正式的区域渔业管理体联系机制以交叉验证数据，讨论数据质量问题，确定模态和反馈给各国。除了 CITES，《保护迁徙野生动物物种公约》（CMS）的 UNEP 秘书处可能有机会加入这个过程，并参与 CMS 物种（如姥鲨、大白鲨、鲸鲨、鼠鲨和蝠鲼）的协调工作。

三、使用贸易系统辨别和支持合法的可持续渔业

认证是改进软骨鱼类贸易监测和其他系统可以协同促进保护和管理的第三领域。认证可以采用出具合法文件的形式，如欧盟 IUU（非法、不报告、不管制的捕鱼）捕捞认证管理（EC1005/2008）或区域渔业管理组织的捕捞文件编制方案（如果扩展到鲨鱼的话）。认证也可以采用符合可持续标准的形式，如 MSC 标准。

打击非法鱼翅贸易一直被视作打击 IUU 捕捞的一部分而被提及。某些形式的鱼翅属于非法产品，包括违反割鳍禁令得来的、来自受保护物种或海域、来自 IUU 捕捞船等。对各种类型违法行为的监测、控制和监督会从可靠的鱼翅贸易数量和模式信息中获益。保证整合贸易和渔业数据随时可取，可以令执行人员在国家、区域或国际水平上，如国际刑事警察组织（INTERPOL）或联合国毒品和犯罪办公室快速对信息需要作出反应。这些数据不需要全部都具体到物种，但信息根据产品形式标准化对评估鲨鱼、鳐、魟重量或数量是必要的。

即便软骨鱼肉或鱼翅产品是合法生产的，依旧有些鲨鱼市场贸易的可持续性令人担忧。虽然对认证价值和收益在供应链的分布调查正在进行，但人们普遍认为认证系统通常会有回报，可持续和可追溯的渔业更有市场优势。对于软骨鱼类，通过提供验证数据来支撑证据链，改进贸易记录系统，可以帮助消费者区分可持续渔业和不可持续渔业。一个证明需要这种认证的案例是：有航空公司曾宣布未来将只接收来自可持续资源的鱼翅货物。

必须承认，软骨鱼类支撑起了渔民的生活和当地经济，且为消费者提供了关键蛋白质来源。不过，软骨鱼类资源必须有可持续管理以保证持续利用而避免种群和生态系统破坏。在国际层面，通过贸易监测追踪这些渔业产品有助于辨别利益相关者，并为这些利益

相关者创造连接机会，为支持可持续利用的系统做出贡献。在国家和地区层面，记录国内利用和贸易可以为渔业管理提供重要信息并使得资源监测长期向好。

四、建议总结

未加工干燥、加工干燥、未加工冷冻和加工冷冻鱼翅应该有不同的商品编码，这对持续的有意义的贸易监测来说是当务之急。

各国应该调整商品编码系统以囊括这些分类，配合 WCO 的倡导，对鲨鱼进行保护和管理。

各国应该保证 CITES 和渔业管理部门关注物种的渔业和贸易有合适的分类数据报告系统。

各国应该保证这种分类数据在有关国家系统之间共享，且使用 NPOA 来保护和管理鲨鱼以寻求可以改进管理的贸易监督机会。

政府间组织如 CITES、CMS 和区域渔业管理组织应该考虑在共同利益种类上建立正式的联系和数据共享机制。

各国应该整合软骨鱼类产品贸易和渔业数据，以迅速有效地参与抵制 IUU 捕捞的活动。

从软骨鱼类产品可持续认证中获益的渔民、贸易者、分销商和零售商都应该积极地参与构建贸易监测系统，以支持可追溯和有效的管理。

如上，也如本书后面各国的分析结果，评估软骨鱼类产品全球贸易是一个复杂而有挑战性的任务。数据缺失、产品错误编码或混合、数量被计算或通过加工来调整，这些限制意味着基于贸易的分析不能提供明确的鲨鱼、鳐、魟和银鲛的利用水平。不过，贸易分析可以为捕捞信息有限的种群评估提供很好的补充信息。贸易分析可以很好地窥探社会对这些产品的需求，有助于预测未来市场对这些种类的影响。最终目标是通过生物学、海洋学、捕捞作业和贸易来认知软骨鱼类种群的状态，配合某个物种的某个方面来构建一个管理系统保证资源的可持续利用。

后面章节讨论的是从以上分析中衍生出的关键问题，以及很重要但因数据限制而无法参数化的问题。它们将说明贸易信息如何和其他工具一起支持软骨鱼类的保护和管理。

第三章
国家（地区）贸易和市场概况

第一节　数据来源

本书对贸易流和趋势的描述主要是基于 FAO 成员或相关国家和地区海关部门向 FAO 提供的贸易统计分析（图 3-1）。总体上，这两套数据相似，虽然某些个例会有不同（如中国台湾）。

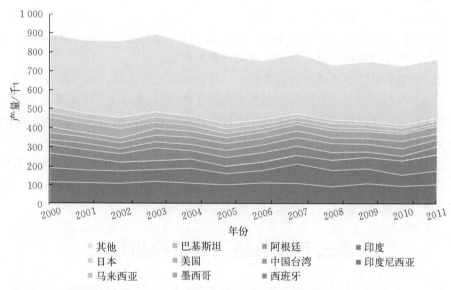

图 3-1　2000—2011 年全球生产鲨鱼产品的地区及产量

具体国家和地区的贸易和市场信息是在 IUCN 鲨鱼专家组的协助下由联合主席 Nick Dulvy 和 Colin Simpfendorfer 领导编制。这些专家采用的材料是私人交流时的资料，这些交流代表了他们的私人观点而非所属机构。由于没有开展寻求新数据的深度研究，所以本书提供的具体国家描述限于已有信息，任何的遗漏都反映了当前认知的缺陷。

本书采用的数据为 2000—2011 年或 2000—2012 年数据。2000—2011 年数据是用来进行全球比较，因为 2011 年是 FAO 所有成员鱼翅（或一些海产品）贸易官方统计数据可以获得的最后一年。2000—2012 年数据主要是用于分析进出口国家或地区的贸易，这些贸易统计到 2012 年，可以与前一年进行比较。依赖于数据获取的可靠性，不同时期的数据可能会用于不同个例。附录 3 提供了全部国家和地区数据的来源。

最后，本书采用的贸易价格数据，包括鱼翅和鱼肉，是由贸易者发布，且不是基于市场单价。贸易量和贸易额数据可用于计算贸易产品的单价，但单价一般不能很好地预测供应链其他环节的价格。鱼翅的情况尤是如此，因为辨别贸易产品的具体形式十分困难。

第二节　鱼翅贸易统计

FAO 统计（如成员报告）不能准确反映鱼翅的贸易量，并且时间趋势可能存在误导。下面的章节利用可以获得的贸易数据按国家和地区更深层次对具体问题进行分析。

首先，如上所述，频繁引进和去除的商品编码修订可能会也可能不会明确辨别鱼翅，这在贸易国之中很常见，所以报告量的增长或下降不能准确反映实际的量。

其次，只有某些海关部门对冷冻和干燥鱼翅保留有不同的商品编码。这是一个非常大的不同，因为含有多余的水分，冷冻鱼翅的重量可以达到干燥鱼翅的 4 倍（Clarke，2004）。由于这些数据的限制，冷冻鱼翅与干燥鱼翅在全球贸易中的比例是未知的，所以准确判断报告量中有多少鱼翅和多少水分是不可能的。包装好的鱼翅，通常是罐装或袋装，存在同样的困难，除非在贸易中单独区分，因为含有鱼翅之外的配料如汤。这在用价格除以数量来得出单价时是十分重要的。特别是，高单价无法确定鱼翅也是高价，因为高价可能是因为尺寸或物种，也可能是因为水分含量较低。

最后，鱼翅的供应链从捕捞船到消费者，是复杂且全球化的，在不同地区间会有多次转运。在一个典型情况中，鱼翅可能在某个国家生产（从捕捞或上岸鲨鱼身上分离），出口给一个区域贸易者，再出口给一个加工中心，加工后再出口给消费国。假设这个例子中的鱼翅在每个阶段都会明确记录（考虑到很多国家报告的鱼翅贸易存在问题，这是不可能的），它会在三个不同的场合按照进口和出口记录。对供应链没有更清楚的认识，令研究者很难了解哪种鱼翅可能会被再出口，哪种不会（很少有海关部门会在数据中做此区分），也很难弄清全球数据中被重复计算超过一次以上的组成比例。

第三节　鱼翅（包括鳐和魟）

表 3-1、表 3-2、表 3-3 和表 3-4 显示了 2000—2011 年全球鱼翅出口和进口概况。图 3-2 为 1976—2011 年鱼翅全球贸易的变化趋势。

表 3-1　2000—2011 年全球主要市场鱼翅出口量

国家和地区	出口量/t													占比	排名
	2000	2001	2002	2003	2004	2005	2006	2007	2008	2009	2010	2011	平均		
中国香港	8 545	6 531	8 927	9 113	8 560	7 134	5 963	5 684	5 308	4 935	5 060	3 362	6 594	0.38	1
泰国	70	61	34	29	29	44	18	13 188	4 742	5 005	7 141	7 723	3 174	0.18	2
印度尼西亚	1 166	479	771	1 288	943	1 554	1 073	801	1 320	1 437	2 378	1 607	1 235	0.07	3
中国	2 065	1 693	1 814	2 199	2 476	1 400	569	552	394	382	314	489	1 196	0.07	4

（续）

国家和地区	出口量/t													占比	排名
	2000	2001	2002	2003	2004	2005	2006	2007	2008	2009	2010	2011	平均		
中国台湾	1 134	1 084	1 068	1 289	1 330	1 279	1 063	1 016	916	974	1 144	1 067	1 114	0.06	5
新加坡	548	447	613	940	1 125	1 538	1 863	1 690	677	296	390	238	864	0.05	6
越南	28	1 469	3 099	3 188	91	228	169	157	693	347	98	223	816	0.05	7
阿联酋	519	378	507	476	468	562	428	496	515	460	501	479	482	0.03	8
也门	8	9	183	141	141	180	318	527	629	260	431	347	265	0.02	9
马来西亚	15	10	25	8	634	104	127	447	460	347	260	417	238	0.01	10
日本	242	230	208	220	205	168	181	197	163	164	164	131	189	0.01	11
印度	415	284	274	244	218	104	145	96	95	107	98	135	185	0.01	12
美国	366	335	441	486	93	65	34	36	37	77	42	38	171	0.01	13
秘鲁	170	137	114	109	104	155	178	245	134	155	202	206	159	0.01	14
特立尼达和多巴哥	—	—	—	—	—	7	23	10	106	186	129	364	118	0.01	15
厄瓜多尔	94	118	120	88	102	0	1	12	124	131	184	226	100	0.01	16
巴西	—	—	4	82	179	157	118	131	113	85	49	59	98	0.01	17
孟加拉国	—	—	—	—	166	7	195	351	17	15	8	11	96	0.01	18
巴基斯坦	105	88	89	—	—	—	—	—	—	—	—	—	94	0.01	19
巴拿马	122	108	125	90	103	97	78	66	61	47	37	24	80	0.00	20
其他	484	594	499	495	442	369	313	281	317	513	516	753	465	0.03	
总计	16 096	14 055	18 915	20 485	17 409	15 152	12 857	25 983	16 821	15 923	19 146	17 899	17 562	1.00	

资料来源：FAO，2013。

注：数据包括再出口量，下同。

表 3-2　2000—2011 年全球主要市场鱼翅出口额

国家和地区	出口额/千美元													占比	排名
	2000	2001	2002	2003	2004	2005	2006	2007	2008	2009	2010	2011	平均		
中国香港	159 735	104 953	118 747	128 646	138 005	127 102	103 840	97 183	101 181	80 316	73 198	88 918	110 152	0.41	1
新加坡	25 451	16 762	22 642	30 793	35 940	36 348	44 693	44 274	27 382	15 901	23 088	20 295	28 631	0.11	2
中国	51 951	39 529	34 434	38 123	40 966	21 792	10 682	12 138	7 501	8 474	6 971	12 218	23 732	0.09	3
泰国	2 598	1 405	970	905	1 036	1 916	772	48 424	26 279	24 795	32 545	40 245	15 158	0.06	4
阿联酋	18 328	11 060	14 534	12 465	10 152	14 959	13 649	14 609	16 228	13 242	17 912	14 823	14 330	0.05	5
印度尼西亚	13 095	8 220	8 414	10 204	10 936	8 065	9 174	7 303	7 047	10 833	13 563	13 570	10 035	0.04	6
日本	10 997	9 864	7 781	8 492	10 262	8 140	9 091	8 735	8 457	6 824	8 591	8 759	8 833	0.03	7
中国台湾	6 112	4 373	4 866	4 398	5 106	9 938	10 313	8 946	8 551	8 756	12 078	13 663	8 092	0.03	8
也门	180	200	4 040	3 530	4 683	5 156	7 962	10 926	15 532	10 736	13 942	12 428	7 443	0.03	9
秘鲁	6 115	4 697	4 405	4 552	5 088	7 256	6 838	10 648	7 127	6 945	10 990	13 648	7 359	0.03	10
印度	7 804	5 658	5 746	4 184	4 513	3 663	5 037	3 879	7 496	12 504	8 946	8 310	6 478	0.02	11

（续）

国家和地区	出口额/千美元 2000	2001	2002	2003	2004	2005	2006	2007	2008	2009	2010	2011	平均	占比	排名
美国	3 521	3 167	3 485	4 096	4 868	3 898	3 171	2 642	2 059	3 776	3 357	2 922	3 414	0.01	12
巴拿马	3 047	2 764	3 015	3 270	3 860	3 544	2 600	4 836	2 615	3 310	1 457	1 481	2 983	0.01	13
几内亚	2 583	2 558	1 143	2 087	4 018	2 809	2 002	1 692	2 665	2 228	3 290	4 376	2 621	0.01	14
多哥	—	—	—	—	—	1 760	1 847	2 100	1 900	2 900	4 100	3 600	2 601	0.01	15
塞内加尔	4 331	5 170	—	2 915	2 537	8	2 678	14	—	—	—	—	2 522	0.01	16
阿曼	—	—	3 048	1 828	—	—	—	—	—	—	—	—	2 438	0.01	17
哥斯达黎加	8 552	7 057	1 807	1 464	123	—	—	69	—	282	251	628	2 248	0.01	18
巴西	—	—	60	1 065	2 405	2 292	1 894	2 313	2 825	2 338	1 376	2 109	1 868	0.01	19
巴基斯坦	2 145	1 633	1 704	—	—	—	—	—	—	—	—	—	1 827	0.01	20
其他	9 252	8 411	13 643	10 418	12 402	10 308	7 902	10 351	17 429	16 203	17 607	27 098	13 419	0.05	
总计	335 797	237 481	254 484	273 435	296 900	268 954	244 145	291 082	262 274	230 363	253 262	289 091	269 772	1.00	

资料来源：FAO，2013。

表 3-3　2000—2011 年全球主要市场鱼翅进口量

国家和地区	进口量/t 2000	2001	2002	2003	2004	2005	2006	2007	2008	2009	2010	2011	平均	占比	排名
中国香港	11 451	10 462	10 938	12 352	11 040	10 348	9 370	10 209	9 984	9 395	9 891	10 322	10 480	0.62	1
中国	4 646	3 129	3 555	3 818	4 776	3 353	2 662	2 545	2 012	732	183	160	2 631	0.16	2
马来西亚	57	72	68	46	985	860	1 060	1 220	1 197	1 331	3 676	3 489	1 172	0.07	3
新加坡	629	507	632	1 431	1 593	1 933	2 044	2 163	848	557	591	595	1 127	0.07	4
中国台湾	499	432	315	480	525	434	709	572	796	988	1 157	1 262	681	0.04	5
缅甸	—	—	—	—	—	—	—	42	2	119	813	601	315	0.02	6
印度尼西亚	127	41	46	144	193	332	293	84	220	150	237	101	164	0.01	7
中国澳门	114	111	116	108	96	120	106	119	123	132	119	116	115	0.01	8
泰国	66	81	60	103	121	113	102	405	103	44	63	96	113	0.01	9
东帝汶	—	—	—	—	—	—	—	—	112	96	131	113	0.01	10	
加拿大	—	—	91	66	69	112	110	94	118	184	107	104	106	0.01	11
美国	66	51	39	11	14	27	47	29	29	21	34	58	36	0.00	12
秘鲁	0	—	—	0	1	1	8	2	28	54	77	71	24	0.00	13
阿联酋	—	—	—	—	—	—	0	—	—	—	26	13	0.00	14	
南非	22	2	15	12	—	—	—	—	—	—	—	13	0.00	15	
朝鲜	—	1	1	0	1	1	2	25	1	0	69	0	9	0.00	16

（续）

国家和地区	进口量/t													占比	排名
	2000	2001	2002	2003	2004	2005	2006	2007	2008	2009	2010	2011	平均		
澳大利亚	—	—	—	—	9	7	11	7	7	6	16		9	0.00	17
文莱	—	—	15	3	—	—	—	1	—	—	2		5	0.00	18
韩国	5	6	18	4	5	2	6	2	4	2	3	6	5	0.00	19
巴西	—	—	—	—	4	2	—	—	—	—	—		3	0.00	20
其他	0	1	0	0	0	2	0	12	1	0	0	0	1	0.00	
总计	17 682	14 896	15 909	18 578	19 423	17 649	16 526	17 535	15 473	13 828	17 124	17 154	16 815	1.00	

资料来源：FAO，2013。

表 3-4 2000—2011 年全球主要市场鱼翅进口额

国家和地区	进口额/千美元													占比	排名
	2000	2001	2002	2003	2004	2005	2006	2007	2008	2009	2010	2011	平均		
中国香港	392 367	292 588	282 571	308 245	329 778	306 968	253 689	276 690	288 019	247 087	296 167	345 469	301 637	0.80	1
新加坡	27 906	18 938	24 059	40 573	43 291	48 102	52 501	53 570	38 412	27 576	36 690	43 863	37 957	0.10	2
中国	25 512	18 784	21 951	22 307	27 523	18 467	13 890	12 052	10 994	4 490	968	1 065	14 834	0.04	3
中国台湾	3 798	2 389	1 817	3 473	4 052	4 667	4 172	6 268	8 761	7 400	10 315	14 273	5 949	0.02	4
加拿大	—	—	4 307	5 323	5 134	5 261	5 480	4 994	6 508	6 217	6 487	6 351	5 606	0.01	5
中国澳门	1 045	1 771	2 325	2 471	2 831	3 324	3 728	5 313	5 920	6 149	7 124	7 570	4 131	0.01	6
马来西亚	251	254	550	233	1 900	2 060	2 721	2 855	3 418	3 809	10 369	10 248	3 222	0.01	7
印度尼西亚	1 352	910	643	1 540	2 407	2 486	1 274	366	1 515	1 120	970	1 762	1 362	0.01	8
美国	2 403	1 109	1 079	117	358	790	1 497	1 733	1 808	1 018	1 240	1 895	1 254	0.00	9
澳大利亚	—	—	—	—	—	1 056	891	1 182	1 351	902	1 128	915	1 061	0.00	10
泰国	832	856	568	1 045	1 256	1 317	1 141	1 898	925	651	761	1 021	1 023	0.00	11
缅甸	—	—	—	—	—	—	—	39	40	372	2 173	1 635	852	0.00	12
阿联酋	—	—	—	—	—	—	15	—	—	—	1 209		612	0.00	13
朝鲜	—	491	296	175	268	331	1 222	1 154	579	24	267	8	438	0.00	14
韩国	128	191	263	168	268	109	157	82	167	119	223	602	206	0.00	15
秘鲁	1	—	—	3	4	4	52	12	141	246	546	688	170	0.00	16
南非	30	11	95	151	—	—	—	—	—	—	—		72	0.00	17
东帝汶	—	—	—	—	—	—	—	—	—	29	24	29	27	0.00	18
文莱	—	—	35	18	—	—	—	2	—	—	26	—	20	0.00	19
吉布提	—	—	—	—	—	15	—	—	—	—	—		15	0.00	20
其他	23	20	15	15	32	21	6	82	7	3	0	1	19	0.00	
总计	455 648	338 312	340 574	385 857	419 102	394 978	342 436	368 292	368 565	307 212	375 478	438 604	377 922	1.00	

资料来源：FAO，2013。

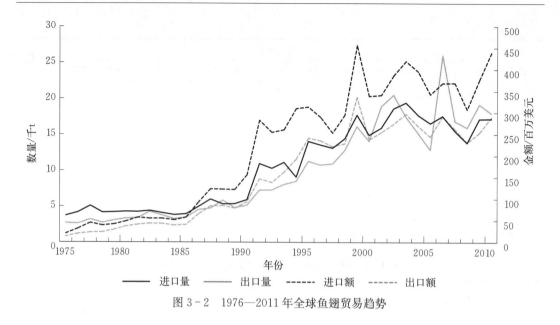

图 3-2 1976—2011 年全球鱼翅贸易趋势

一、中国

（一）中国内地（大陆）

中国*是历史上全球最大的鱼翅消费市场，也是主要的生产、加工和再出口区，同时还是总量全球第二、总额第三的进口区。2000—2011 年，平均每年进口鱼翅 2 631 t，价值 1 480 万美元**。2000—2011 年，平均每年出口鱼翅 1 196 t，价值 2 370 万美元。中国的鱼翅进出口由于需求下降、国内产量增加、贸易动态或报告改变，自 21 世纪初便在逐步下降。中国自 2000 年 5 月便将冷冻鱼翅报告为冷冻鲨鱼肉，目前贸易记录只有干燥鱼翅。

1. 概况

中国曾是历史上全球最大的鱼翅消费区，鱼翅在中国传统文化里是高价值的具有很多保健效果的高端食材。贸易方面，2000—2011 年，中国平均每年进口 2 631 t 鱼翅，价值 1 480 万美元，令中国继中国香港之后成为总量第二大的进口区、总价值第三大（位于中国香港和新加坡之后）的进口区，占全球总量的 16％，占总价值的 4％。中国也是一个重要的出口区，2000—2011 年，平均每年出口 1 196 t（2 370 万美元）鱼翅。中国的出口占全球同期出口总量的 7％，总额的 9％（图 3-3）。中国鱼翅进出口单价的差异（5.6 美元/kg 和 19.8 美元/kg），说明其对于东亚和东南亚的市场来说是一个重要的加工中心和成品鱼翅供应区。考虑国内产量，平均每年 1 464 t（2000—2011 年）的软骨鱼类捕获量不足以满足巨大的国内市场，除非报告归入"海洋鱼类"大类中平均每年有 240 万 t 的捕获量，否则中国渔船很难满足国内需求。

---

* 此部分中国数据不含港澳台数据。

** 本书为翻译书稿，英文原稿中此处数据与表格中数据不一致，由于无法核查数据的准确性，本着尊重原稿的原则，未对矛盾数据进行纠正，后文类似情况不再逐一注释，仅供读者参考，特此说明。——编者注

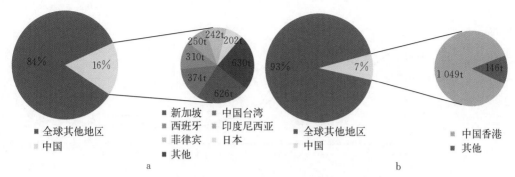

图 3-3　2000—2011 年（平均）中国的鱼翅贸易情况

a. 鱼翅进口主要来源　b. 鱼翅出口主要目的地

2. 贸易记录

从 2000 年 5 月开始，中国开始将冷冻鱼翅用冷冻鲨鱼肉的编码来记录，此后中国海关只用一个分类来记录鱼翅的贸易统计并持续到 2005 年，这一年又添加了两个分类。不过，对新产品归类的统计显示这些产品的贸易很少发生。鱼翅商品编码的描述如下：2000年 5 月之后，干燥鱼翅，为熏制；2005 年添加，精制或备用的剁碎鱼翅罐头，其他精制或备用的剁碎鱼翅。

这种分类系统不及中国香港的海关信息有效。据推测，后两种分类是指加工过的鱼翅，但对冷冻鱼翅没有具体的分类。冷冻鱼翅原材料产量显著下降，特别是中国，中国香港 2000—2012 年每年向中国出口 2 491 t 价值 3 620 万美元的"冷冻、未加工"鱼翅。同期观察发现，中国海关记录平均每年从中国香港只进口 92 t（价值 23.8 万美元）"冷冻鲨鱼肉"分类的鱼翅，这些应该包含了冷冻鱼翅，这说明即使整合数据也是不连续的。事实上，将中国香港记录的出口往中国的鱼翅总量（包括干燥鱼翅）与中国同期从中国香港的进口量相比，两者在所有有关鲨鱼的商品分类中都有巨大差异（Clarke，2004）。

3. 进口和出口

2000—2012 年，中国鱼翅贸易有大幅下降。不过，这在多大程度上能代表真正的下降，而不是中国鱼翅贸易或冷冻鱼翅带来的组成变化，并不明朗。考虑上面所说的大量贸易统计和其主要伙伴（中国香港）之间的差异，所以对于下面所做的数据解释有必要谨慎。

2000—2012 年，中国的鱼翅进口量从 4 613 t（2 550 万美元）下降到 2012 年的 113 t（140 万美元），13 年里总量下降了 98%。2000 年与 2011 年相比，中国在全球市场的进口量份额（鱼翅进口）从 26% 降到了 1%，对应的进口额从 6% 降到了 0.2%（图 3-4）。进口额较低是因为中国进口了相对较多的低价值、未加工鱼翅。中国鲨鱼出口单价维持相对较低水平直到 2012 年，此时价格翻倍到 12.7 美元/kg。2000—2012 年，中国出口的鱼翅平均单价低至 5.7 美元/kg（图 3-5）。

几乎全部都是干燥鱼翅的出口下降幅度也类似，从 2000 年的 2 065 t 到 2012 年的339 t，下降了 84%。同期，鱼翅出口额从 5 200 万美元到 1 170 万美元，下降了 78%。2000—2011 年，这种下降导致中国在全球出口量所占份额从 13% 降到 3%，总额从 15% 降

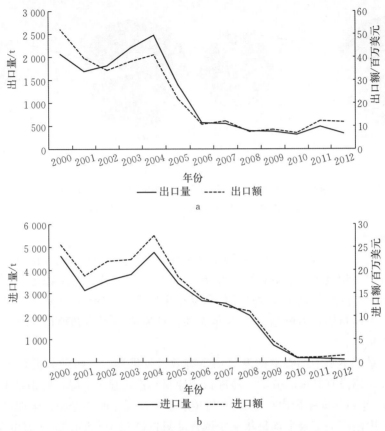

图 3-4　2000—2012 年中国干燥鱼翅进出口情况

a. 出口情况　b. 进口情况

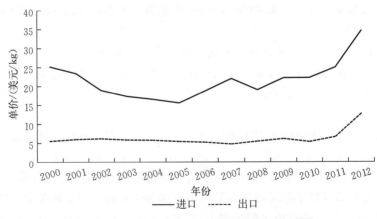

图 3-5　2000—2011 年中国干燥鱼翅进出口单价

到 4%。进口单价波动较大，从 2000 年的 25.1 美元/kg 下降到 2005 年的 15.6 美元/kg，此后稳步上升到 2012 年的 34.6 美元/kg。整个时期的平均单价为 20.2 美元/kg。

贸易量大幅下降的原因尚未完全明确，显现的下降在多大程度上可以反映实际趋势或报告未提的鱼翅比例是否增加是不确定的。检查其他主要出口区（中国香港、新加坡、中国台湾、日本、印度、泰国、印度尼西亚和马来西亚）的贸易报告可以发现中国的进口同期总体在下降。这说明贸易量下降在某种程度上是真实的。中国内部报告指出市场在萎缩也支持了这一点。

值得注意的是，中国重新分类冷冻鱼翅商品编码的做法可能会使得其贸易伙伴也这样做，所以在中国和这些伙伴之间贸易中冷冻鱼翅比例的增加在这些国家的统计中可能表现为总体下降。贸易动态变化也是可能的，很可能由于2001年中国加入WTO，导致很多供应来源包括自身贸易数据并不分辨鱼翅的出口国，直接将鱼翅运往中国港口，这一点不如贸易记录中鱼翅数据较为清晰的中国香港。

4. 贸易伙伴

根据中国海关统计，2000—2012年前6位的鱼翅进口来源分别是新加坡（平均每年578 t，320万美元）、中国台湾（345 t，220万美元）、西班牙（286 t，140万美元）、印度尼西亚（231 t，120万美元）、菲律宾（223 t，120万美元）和日本（187 t，170万美元）。不过，这6个进口来源在2012年全部降到接近零，此时中国只从4个地区进口鱼翅：塞内加尔（39 t，24.8万美元）、越南（32 t，26.2万美元）、中国香港（29 t，18.1万美元）和中国台湾（4 t，66.7万美元）。从中国台湾的进口除了只有1 t的"精制或备用"类鱼翅，其他都是干燥类产品，前一年的贸易统计中输往中国的鱼翅基本也都是干燥类产品，除了很少的一部分"精制或备用"鱼翅。不过，不排除同时期冷冻、未加工鱼翅的进口在增加，因为2000年以后鱼翅在贸易统计中没有被明确标识。

3个国家和地区组成了中国鱼翅出口市场的主体：中国香港、日本和新加坡。其中，中国香港占的出口份额最大，2000—2012年平均每年出口983 t（1 940万美元），相比之下，日本为94 t（190万美元），新加坡为27 t（68.3万美元）。从中国到中国香港的出口量在此期间下降了90%（从1 907 t到189 t），总额下降了85%（从4 580万美元到680万美元）。同时，向日本和新加坡的出口维持相对稳定。如果认为输往中国的原材料（未加工鱼翅）在真实减少，那么就可以解释对中国香港出口的下降，因为这些出口基本是由进口、加工之后再出口往中国香港的鱼翅组成（Clark et al.，2007）。

5. 境内贸易和市场

中国鱼翅贸易的进出口总体上从2004年开始萎缩，2010年后可以忽略。除了贸易报告的变化，境内生产也可以解释这种下降的原因。中国的鲨鱼捕获量从2008年以前每年不到1 000 t增长到2011年前后的2 000～3 000 t，但尚不清楚这种上升反映了多少真实的捕获量增加，或报告捕获量中特定物种（或特定鲨鱼种）的增加。而且，如果需求同期维持稳定，这种增加不足以弥补贸易的下降。

20世纪中叶，中国的鱼翅烹饪几乎都在广东和福建，以及北京和上海两个大城市，但现在很多地方在庆祝场合都会提供（Clark et al.，2007；Fabinyi，2012）。进口鱼翅原材料加工集中在广东，但鲨鱼肉加工集中在浙江乐清的蒲岐镇，这里也加工鱼翅。

中国没有独立的持续的鲨鱼消费数据来源，但北京商家抱怨2013年10月销售量下降了70%，价格下降了1/3（从165美元/500 g降到110美元/500 g）。中国商务部下属的一个学术机构指出，2013 年 1—9 月鱼翅羹在豪华酒店的价格下降了 70%，在专业鱼翅餐厅下降了 50%。本书认为部分是 2012 年实施政府招待开支新规造成的（其他原因不提）。2013 年 12 月更是发布条例专门禁止消费鱼翅、燕窝和其他高端菜，包括用保护物种做成的菜品。

所禁用的食物并未具体规定，其他高端食材的销量也在下降，如鲍鱼、海参、龙虾和蟹（Wang，2013）。不能确定这些报告在多大程度上反映政府部门之外和全国的鱼翅消费趋势（Fabinyi et al.，2014）。事实上，人们认为政府公务招待限制带来需求下降引起的鱼翅产品降价，会使得私人消费未来更加普遍，特别是考虑到中国的收入持续增长会带来高端食材消费的增长。

不过还有一些因素可能会对鱼翅的私人消费带来负面影响。其中之一是媒体报告了将人工鱼翅假冒真鱼翅来销售的案例（Fabinyi et al.，2014）。2013 年 1 月中央电视台（CCTV）的一个调查报告发现，超过 85% 的监测样本含有的真鱼翅比例低于 5%。这引起了公众对假冒市场的焦虑，并导致消费受挫。另一个潜在的因素是中国公众对于鲨鱼的保护意识越来越强，大量国内外的活动正提倡减少鱼翅消费。

（二）中国香港

中国香港是全球最大的鱼翅贸易区，也是历史上最主要的鱼翅消费市场。鱼翅在中国香港主要为转口，其境内产量很小且加工产业规模较小。鱼翅主要从鲨鱼生产国进口，之后再出口至加工中心和市场，特别是中国内地。2000—2011 年，中国香港平均每年进口鱼翅 1.048 万 t，价值 3.02 亿美元；出口鱼翅 6 594 t，价值 1.1 亿美元。但进出口规模逐步下降。中国香港保留了历史上最详细和持续的鱼翅贸易记录。不过，2012 年，冷冻鱼翅在贸易数据中开始标记为冷冻鲨鱼肉。

1. 概述

2000—2011 年，中国香港一直是最大的鱼翅贸易区，控制着全球主要鱼翅贸易。同期，中国香港平均每年进口鱼翅 3.02 亿美元（1.048 万 t），占全球总额的 80%（总重量的 62%）。中国香港每年的鱼翅出口几乎都是再出口，每年 1.1 亿美元（6 594 t），占全球总额的 41%（总重量的 38%）。

中国香港在国际市场中的主体地位基于其大宗进口和再出口，向多个其他国家和地区（主要是亚洲）和自身境内市场供应产品，其对鱼翅生产的贡献很小。2000—2011 年，中国香港报告的软骨鱼类捕捞量为 333 t，和 2011 年世界前三大生产国——印度尼西亚（10.603 4 万 t）、印度（7.384 2 万 t）和西班牙（6.129 3 万 t）相比，微不足道。事实上，中国香港 2000—2009 年出口的 70 697 t 鱼翅中，只有 3 t 是自己生产的（图 3-6）。

2. 贸易记录

中国香港在贸易数据中区分 4 种不同类型鱼翅的做法是独一无二的。它们是：鱼翅（带鳍或不带鳍），带软骨，干燥，无论是否腌制但未熏制；鱼翅（带鳍或不带鳍），不带软骨，干燥，无论是否腌制但未熏制；鱼翅（带鳍或不带鳍），带软骨，腌制或盐水泡，但未干燥或熏制；鱼翅（带鳍或不带鳍），不带软骨，腌制或盐水泡，但未干燥或熏制。

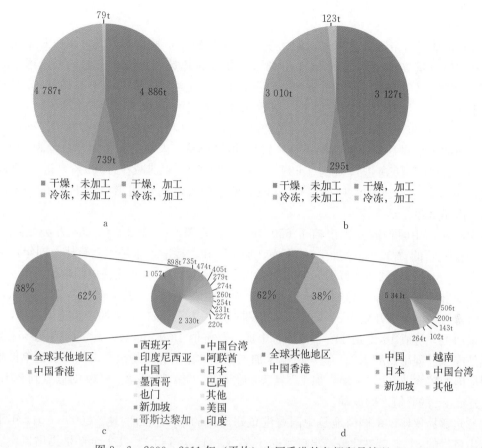

图 3-6　2000—2011 年（平均）中国香港的鱼翅贸易情况
a. 鱼翅进口类型　b. 鱼翅出口类型　c. 鱼翅进口主要来源　d. 鱼翅出口主要目的地

4 种分类系统总体上将初步加工、不带软骨和未加工、带软骨的鱼翅区分开来（下面使用加工和未加工来分别指代不带软骨和带软骨）。另外，使用"腌制或盐水泡"来代替冷冻鱼翅，可确定由于水分原因，鱼翅的重量达到干燥状态的 4 倍（下面使用冷冻来指代记录中腌制或盐水泡的鱼翅）。另外考虑到中国香港是免税港口，贸易商理论上没有理由向海关低报，以及中国香港在国际市场上的突出地位，所以其鱼翅贸易的数据在分析中是比较可靠和有用的（Clarke，2009）。

如上所述，虽然中国香港曾经持续在海关数据中对鱼翅进行特殊记录，但有迹象表明从 2012 年开始有较大比例的冷冻鱼翅已经被重新列入集合商品分类，即"狗鲨和其他鲨鱼，冷冻，不包括鱼片、肝脏和鱼卵"。修订的编码系统直接引起冷冻鱼翅报告贸易量的下降和高价值冷冻鲨鱼肉报告贸易量的同步增加。所以，2012 年和前一年比较必须小心对待，贸易中的显著下降主要是因为执行新的商品编码系统所带来的统计异常。为此，下面的章节首先关注中国香港 2000—2011 年的鱼翅贸易，之后如有必要，会关注 2012 年的冷冻鲨鱼肉贸易（中国香港 2015 年 1 月 1 日恢复冷冻鲨鱼肉和冷冻鱼翅的商品编码。这种积极变化应该会减少上述贸易数据集成带来的扭曲，使得更持续和可靠地监测鱼翅贸易成为可能）。

3. 出口

（1）概述。对中国香港来说，2000—2011 年鱼翅出口额（年平均 4 950 万美元，占 45％）和出口量（年平均 3 127 t，占 48％）最多的都是"干燥，未加工"鱼翅。同期"冷冻，未加工"鱼翅在总额中占 35％（年平均 3 850 万美元），在总量中占 46％（3 010 t）。对"干燥，加工"和"冷冻，加工"鱼翅来说，对应的比例分别为 14％（1 480 万美元）、4.5％（295 t）和 5.5％（600 万美元）、1.9％（123 t）。"干燥"和"冷冻，未加工"鱼翅的出口量这段时期持续下降，2011 年"干燥，未加工"鱼翅进口量为 1 309 t，"冷冻，未加工"鱼翅进口量为 1 699 t，相比 2000 年分别减少了 69％（进口额减少 71％）和 53％（进口额减少 18％）。这段时期中国香港的鱼翅出口量下降了 59％，出口额下降了 39％。

2012 年，中国香港分别出口了 659 t（1 690 万美元）、112 t（1 200 万美元）、77 t（160 万美元）的"冷冻，未加工""干燥，加工"和"冷冻，未加工"鱼翅。同年，中国香港出口了 1 543 t、2 700 万美元的高价值"冷冻鲨鱼肉"，主要输往中国内地。

对于出口来说，加工鱼翅单价较高。2000—2012 年，"干燥，加工"和"冷冻，加工"鱼翅的平均单价开始为 52 美元/kg，后期为 48 美元/kg；而未加工鱼翅出口中，"干燥，未加工"价值 16 美元/kg，"冷冻，未加工"价值 13 美元/kg。需重申的是冷冻类包含额外冷冻过程用到的水分。这段时期未加工鱼翅的单价相对稳定，但加工鱼翅单价则有不明原因的较大波动。"干燥，加工"类型的价格在 2007 年 28 美元/kg 的低点到 2012 年 116 美元/kg 的峰值之间波动。

（2）贸易伙伴。中国内地是中国香港鱼翅出口的第一大目的地。2000—2011 年平均约占出口量的 81％（5 341 t），出口额的 68％（7 410 万美元）。几乎全部是再出口，主要是未加工鱼翅，具体为"冷冻，未加工"和"干燥，未加工"类型，两者在同期中国香港出口中国内地的总量上分别占 50％和 46％（年平均 2 694 t 和 2 482 t），出口额分别占 49％和 48％（3 630 万美元和 3 590 万美元）。历史上，这有一定的经济意义，主要因为将未加工原材料出口往中国内地进行加工，然后在中国内地销售终端产品或再出口回中国香港，可以节省劳动力成本（Clarke et al.，2007）。不过，从中国香港出口往中国内地的"干燥，未加工"鱼翅显著下降，从 2000 年 3 685 t（6 600 万美元）到 2011 年的 152 t（660 万美元）。出口往中国内地的"冷冻，未加工"鱼翅也在下降，从 2000 年的 3 504 t（4 110 万美元）下降到 2011 年的 1 103 t（2 990 万美元）。同期，中国内地在中国香港出口总量中的占比也从 2000 年的 89％下降到了 2011 年的 37％。2012 年，中国香港向中国内地出口了 939 t 冷冻鲨鱼肉，价值 1 580 万美元。这些产品的高价值（17 美元/kg）说明其中包含了很大比例的冷冻鱼翅。

中国香港和中国内地之间的鱼翅贸易出现下降，背后可能有多种原因。在一定程度上包括：中国政府制定新的政府支出规定；消费者对手工鱼翅产品的广泛抵制；对割鳍管理和监督的加强；在众多关注鱼翅需求对鲨鱼造成的威胁和鱼翅争议性的环境组织的努力下，中国消费者保护意识越来越强；中国 2001 年加入 WTO，可能导致关税减让或其他贸易动态变化，这些对中国香港的鱼翅贸易量会有负面影响。

从出口量来看，越南是中国香港鱼翅出口的第二大目的地。2000—2011 年平均每年 506 t，占总量 8％。这些鱼翅价格较低，约 4 美元/kg，其中 61％（出口额中的 79％）为"干燥，未加工"，39％（出口额中的 20％）为"冷冻，未加工"。由于单价较低，越南占中国香港鱼翅出口总额的比例较低，只有 2％，年平均 200 万美元。2005 年之前中国香港出口到越南的鱼翅量几乎为 0，之后快速增长到 2010 年的 3 218 t（1 030 万美元）的峰值，此后下降到 2011 年的 1 176 t（500 万美元）。2012 年，中国香港向越南出口了 84 t 冷冻鲨鱼肉，出口额 27.8 万美元。

从出口额来看，日本是中国香港鱼翅出口的第二大目的地。2000—2011 年平均每年出口 700 万美元。对应的出口量为 200 t，出口单价为 35 美元/kg，几乎是出口越南的 9 倍。对日本的出口主要为"干燥，未加工"鱼翅，占总量的 77％，总额的 47％；"冷冻，未加工"鱼翅占总量的 12％，总额的 34％。2012 年，中国香港向日本出口了 102 t（320 万美元）冷冻鲨鱼肉，单价高达 31 美元/kg，说明这些出口实际上大部分是鱼翅。

新加坡是另一个中国香港高价值鱼翅出口的重要目的地。2000—2011 年，中国香港平均每年向新加坡出口 102 t 鱼翅，价值 550 万美元，平均单价为 54 美元/kg。对新加坡的出口是不同产品类型的混合：31％（出口额的 34％）为"干燥，未加工"；34％（出口额的 12％）为"冷冻，未加工"；18％（出口额的 39％）为"干燥，加工"；17％（出口额的 15％）为"冷冻，加工"。2012 年，中国香港向新加坡出口了 227 t 冷冻鲨鱼肉，出口额 360 万美元。

2000—2011 年，中国香港主要的鱼翅出口市场还包括：加拿大（年平均 33 t，400 万美元，主要为"干燥，加工"）、中国台湾（143 t，370 万美元，"干燥，加工""干燥，未加工"和"冷冻，未加工"的混合）、中国澳门（52 t，340 万美元，"干燥，加工"和"冷冻，未加工"的混合）、韩国（49 t，250 万美元，主要是"冷冻，未加工"）、泰国（55 t，140 万美元，主要是"干燥，未加工"）、马来西亚（18 t，120 万美元，"干燥，加工"和"干燥，未加工"的混合）。

4. 进口

（1）概述。2000—2011 年，"干燥，未加工"鱼翅占了中国香港进口总量的 47％（平均每年 4 886 t）、总额的 68％（2.063 亿美元），同期"冷冻，未加工"鱼翅分别占总量的 46％（4 787 t）和总额的 22％（6 610 万美元）（图 3-7 和图 3-8）。冷冻鱼翅因含有水分，重量是干燥鱼翅的 4 倍。中国香港进口的"干燥，加工"鱼翅从 2004 年的 1 661 t（6 600 万美元）峰值降到 2011 年的 266 t（1 710 万美元）。同时进口的"冷冻，加工"鱼翅从 2000 年的 302 t（520 万美元）下降到 2011 年的 49 t（160 万美元）。"干燥"鱼翅的下降更加明显，可能是因为它们相比"冷冻"鱼翅（通常使用海运）受航空运输禁令影响更大。

2012 年，中国香港报告进口了 3 319 t（1.549 亿美元）"干燥，未加工"鱼翅，188 t（190 万美元）"冷冻，未加工"鱼翅以及 14 t（84 万美元）"干燥，加工"鱼翅。同年，中国香港报告共有 4 959 t 高价"冷冻鲨鱼肉"进口，价值 6 430 万美元。这些进口主要来自西班牙和新加坡。

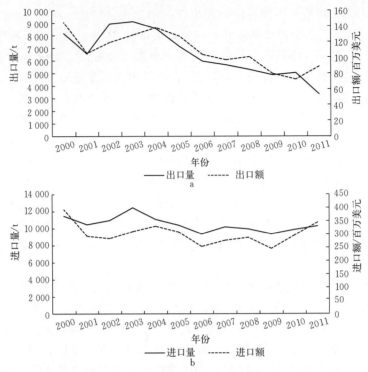

图 3 - 7 2000—2011 年中国香港鱼翅进出口情况

a. 出口情况 b. 进口情况

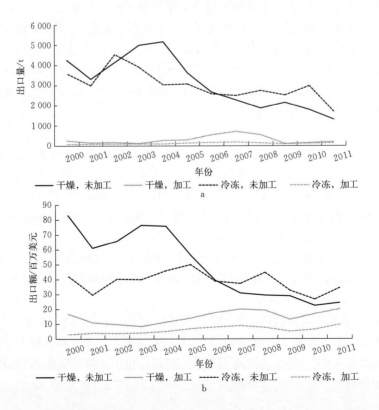

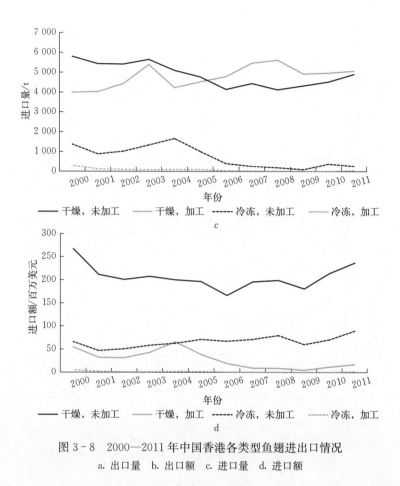

图 3-8 2000—2011 年中国香港各类型鱼翅进出口情况
a. 出口量 b. 出口额 c. 进口量 d. 进口额

进口单价方面，"干燥，未加工"和"干燥，加工"鱼翅一直有较高的单价（图 3-9）。这主要是因为"冷冻"产品包含原有的水分，干燥时会脱水，所以干燥产品的单价更高。为了运输和保存进行的冷冻程序进一步增加了产品重量。2000—2012 年，"干燥，未加工"和"干燥，加工"产品的平均单价分别为 43 美元/kg 和 38 美元/kg。而"冷冻，未加工"和"冷冻，加工"鱼翅的平均单价分别为 14 美元/kg 和 18 美元/kg。

如表 3-5 所示，如果不考虑冷冻鲨鱼肉，2012 年的进口量下降了 49%；如果将冷冻鲨鱼肉假设为冷冻鱼翅，2012 年的进口量下降了 29%（考虑到 2012 年之前的贸易为零，这是合理的）。此外，2012 年的冷冻鲨鱼肉进口接近未加工冷冻鱼翅的平均水平。2012 年进口量下降主要是由于干燥鱼翅进口量下降（受航空运输禁令影响）。海上运输的冷冻产品受影响较小，2012 年超过 99% 的冷冻鲨鱼肉（0303-8100，未调整水的含量）通过海上运输。政府统计处建议鱼翅贸易商申报冷冻鲨鱼肉（0303-8100），而非腌制鱼翅（0305-7121）。香港海关知悉在 0303-8100 项申报中，冷冻鱼翅即使不是全部，也占大部分，不清楚为何世界海关组织没有制定冷冻鱼翅商品编号。2012 年 1 月中国香港修订商品编码时，鱼翅编码为 030571。将冷冻鱼翅作为冷冻鲨鱼肉进行申报与中国内地的做法是一致的。

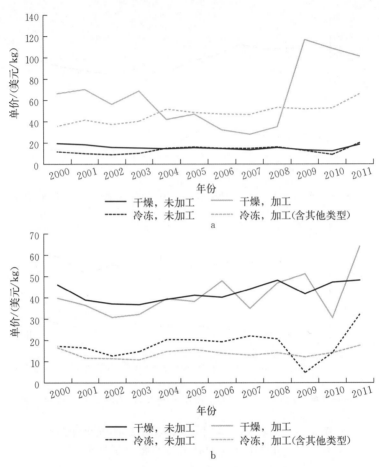

图 3-9　2000—2011 年中国香港各类型鱼翅进出口单价

a. 出口单价　b. 进口单价

表 3-5　2008—2012 年中国香港干燥和冷冻鱼翅的进口量

单位：t

年份	A 干燥鱼翅 （2012 年 1 月前 编码 0305-5950； 之后 0305-7111）	B 腌制（冷冻）鱼翅 （2012 年 1 月前 编码 0305-5960； 之后 0305-7121）	C 鱼翅 （其他地方未具体 说明或列入， 2012 年 1 月制定 新编码 0305-7190）	D 调整过的 鱼翅总和 （A、B/4 和 C 之和）	E 冷冻鲨鱼肉 （2012 年 1 月前 编码 0305-7500； 之后 0303-8100）	F 调整过的 鱼翅总和 （D 和 E/4 之和）
2008	4 131	5 619	—	5 536	0	5 536
2009	4 328	4 923	—	5 559	0	5 559
2010	4 522	4 948	—	5 759	0	5 759
2011	4 907	5 070	—	6 175	0	6 175
2012	3 117	188	0	3 164	4 959	4 404

资料来源：HKCSD，2013。

（2）贸易伙伴。中国香港的鱼翅进口来源比其出口的目的地要更加多样。进口的最大来源是西班牙（欧洲最大的鲨鱼生产国），2000—2011 年占鱼翅进口总量的 27%，总额的 17%，平均单价 18 美元/kg。对于西班牙，2012 年被排除在分析之外，因为该年冷冻鱼翅很可能被报告为冷冻鲨鱼肉。由于从西班牙进口的产品主要包含"冷冻，未加工"鱼翅，所以这样处理是有必要的；且根据 2012 年的贸易记录，中国香港的确从西班牙进口了 2 103 t 冷冻鲨鱼肉，前一年则没有进口。这些进口价值 3 250 万美元，平均单价 15.4 美元/kg。2000—2011 年，"干燥，未加工"和"干燥，加工"产品分别占了进口量的 8.2%（每年 234 t）和 5.2%（每年 148 t），进口额的 13.1%（每年 670 万美元）和 11.9%（600 万美元）。不过，中国香港从西班牙进口的"干燥，加工"鱼翅与"干燥，未加工"鱼翅的相对比例在下降。

2000—2011 年，中国香港从中国台湾平均每年进口鱼翅 1 057 t，占总量的 10%；平均每年 2 390 万美元，占总额的 8%；平均单价为 23 美元/kg。中国台湾最重要的产品是"干燥，未加工"鱼翅，占出口到中国香港总量的 52%，总额的 75%。"冷冻，未加工"鱼翅同期占了总量的 46% 和总额的 22%。2000—2011 年，除了全球金融危机期间出现下降，中国香港从中国台湾的进口量基本维持稳定。2012 年，中国香港从中国台湾进口了 367 t 冷冻鲨鱼肉，价值 380 万美元。

印度尼西亚，世界上最大的鲨鱼生产国，在总额上是中国香港这段时期第三大进口来源国，平均每年 2 460 万美元，占进口总额的 8%。重量上，印度尼西亚在新加坡之后排第四，平均每年 735 t。这其中 61% 是"干燥，未加工"鱼翅，占了总额的 85%；30%（总额的 8%）是"冷冻、未加工"鱼翅。未加工鱼翅的比例较高说明印度尼西亚在市场中的作用主要是原材料生产。与西班牙和中国台湾一样，来自印度尼西亚的进口鱼翅在 2012 年有大幅下跌，中国香港报告从印度尼西亚进口了 367 t（240 万美元）冷冻鲨鱼肉。

新加坡在 2000—2011 年为中国香港供应了总量中 9% 的鱼翅，平均每年 898 t。平均每年 2 070 万美元，占总额的 7%。在量上，27% 是"干燥，未加工"产品，占总额的 27%，而 63%（总额的 45%）是"冷冻，未加工"鱼翅。来自新加坡的进口中，后一类在 2000—2011 年稳定增长，从 290 t（570 万美元）增长到 2011 年的 946 t（2 150 万美元），此后大幅下降到 2012 年的 43 t（71.2 万美元）。不过，2012 年，中国香港报告从新加坡进口了 227 t 冷冻鲨鱼肉（很可能是鱼翅），价值 360 万美元。

阿联酋，另一个全球主要的鱼翅原材料生产国。2000—2011 年阿联酋供应了香港鱼翅进口量的 5%，平均每年 1 610 万美元（总额的 5%）。这些进口几乎都是"干燥，未加工"原材料。虽然从阿联酋的进口在 2012 年追随主流趋势，但降幅相对较小，使得阿联酋成为 2012 年中国香港进口额最高的进口来源，总额 1 300 万美元（305 t）。阿联酋对中国香港进口的贡献，被其他国家大量冷冻、未加工产品所掩盖。一旦冷冻产品重量标准化，阿联酋作为鱼翅市场供应者的重要性将会更加凸显。其他中国香港主要的鱼翅进口来源，按照 2000—2011 年平均进口额降序依次为：墨西哥（254 t，1 490 万美元，主要是"干燥，未加工"），巴西（231 t，1 310 万美元，主要是"干燥，未加工"），日本（274 t，1 150 万美元，"干燥，未加工"和"冷冻，未加工"混合），澳大利亚（82 t，880 万美元，主要是"干燥，未加工"），美国（260 t，870 万美元，"干燥，未加工"和"冷冻，未加工"混合），也门（220 t，850 万美元，主要是"干燥，未加工"），哥斯达黎加（450 t，770 万美元，"干燥，未加工"和"冷冻，未加工"混合），印度（227 t，670 万美元，"干燥，未加工"和"干燥，加工"混合）和中国内地（279 t，620 万美元，"干燥，未加工"和"干燥，加工"混合）。来自南美等其他地区的进口有所增长，如阿根廷、秘鲁和厄瓜多尔以及一些非洲国家。

（3）根据含水量调整的贸易量。对于中国香港来说，因为 2000—2011 年鱼翅贸易是按照 4 种商业分类来记录，所以评估实际鱼翅贸易量是可能的，如用鱼翅减去水分。这在分析生产国数据时特别有用，因为它可以允许对不同国家生产的鱼翅重量进行进一步比较，例如，阿联酋只出口干燥鱼翅，而西班牙主要出口冷冻鱼翅。为了进行这种比较，根据先前确定的冷冻与干燥比重系数，所有冷冻鱼翅数量信息都被除以 4，然后和报告的干燥鱼翅量加在一起，以评估贸易的总干燥鱼翅重量。

使用这种评估方式，2000—2011 年，中国香港鱼翅（所有加工和未加工鱼翅）主要出口至中国内地，平均每年占 79%（3 319 t）；第二位的越南（357 t）占 9%；接下来是日本 4%（178 t），中国台湾 2%（98 t），新加坡 1%（63 t），泰国 1%（54 t），中国澳门 1%（41 t），加拿大 1%（27 t），美国 1%（23 t）。

西班牙仍是中国香港鱼翅进口的第一大来源地，但在平均每年进口量中的相对比例下降到了 15%（998 t）；中国台湾排在第二位，占 10%（691 t）；印度尼西亚第三，占总量 8%（567 t）；阿联酋作为重要的鱼翅出口国，占了总量的 7%，每年 437 t；之后是新加坡 7%（471 t），中国内地 4%（254 t），墨西哥 4%（248 t），日本 4%（237 t），巴西 3%（231 t），印度 3%（225 t），也门 3%（220 t）。

5. 境内贸易和市场

中国香港几乎所有的鱼翅产品都来自进口。2011 年，其报告的鲨鱼、鳐和魟的捕获量每年不超过 400 t，相比之下进口的鱼翅超过 1 万 t。Lam et al.（2011）认为本地鲨鱼资源因为过度开发已经"崩溃"，并指出大部分上岸的是小体型鲨鱼或未成熟鲨鱼，这些鲨鱼不能生产高价值的鱼翅。鲨鱼上岸通常被剁碎并用于制作低价值的"鱼丸"产品，但在中国香港鲨鱼也可能被用作海水养殖生产饲料。

虽然中国香港在鱼翅进口方面名列前茅，但这只能说明其是重要的贸易中心而非消费中心。鱼翅进口中有很大的比例直接进入加工厂（一般在中国广东省），或拍卖给加工和再销售的批发商。如上所述，贸易和消费之间的差异使得中国香港海关统计未加工和加工、干燥和冷冻的差异得到放大，不像其他国家。理论上，可以通过香港进口的加工鱼翅和再出口的加工鱼翅来评估境内消费。不过，对 2000—2010 年的数据进行分析得到的年消费从 2004 年的 1 400 t 降到 2007 年的约 −500 t。某些年份的负值（如某些年份再出口超过了进口）可能是因为当地加工进口的未加工鱼翅，有所囤积，或对产品形式有误报。在任何情况下，这些结果都说明这种方法对于评估中国香港的境内消费来说并不可靠。

由于缺少基于消费空间的境内消费指标，中国香港的消费趋势主要通过 NGO（非政府组织）开展的公开调查来评估。2011 年 3 月发布的一次调查发现，超过 80% 的反馈者在过去 12 个月里曾经食用鱼翅，58% 的反馈者这段时间里没有改变他们的消费习惯（报告指出消费下降了 36%）。当被问及是否会接受婚宴上没有鱼翅，78% 的回答表示肯定。只有 40% 的反馈者曾在家吃过鱼翅，说明尽管零售店里有速食产品，但鱼翅仍是通常在饭店里才会吃的庆祝菜。作为对调查信息的补充，中国香港鱼翅贸易商会的报告指出由于 NGO 的倡导，2012 年鱼翅销售额下降了 50%。贸易商会断言中国香港鱼翅贸易中有 10% 在境内消费了。两方面的信息似乎都说明近年来鱼翅消费在下降，且在中国香港 2013 年禁止官方宴会提供鱼翅（以及其他奢侈野生动物产品）之后下降仍继续。另外，一些空中航线开始实施禁止运输鱼翅的规定。

（三）中国台湾

中国台湾是一个重要的鱼翅生产、消费、贸易和加工地，是世界第四大鲨鱼生产地和第五大进出口区（总量）。从多元鲨鱼生产供应网进口相对低价、未加工鱼翅，而中国香港是其主要的出口目的地（图 3-10）。2000—2011 年，中国台湾平均每年进口 681 t 鱼翅，价值 590 万美元；平均每年出口 1 114 t 鱼翅，价值 810 万美元。它的贸易记录将鱼翅分为冷冻、干燥以及精制或备用而非加工、未加工。2000—2011 年，中国台湾报告的鱼翅进口在增长，而出口基本维持稳定。

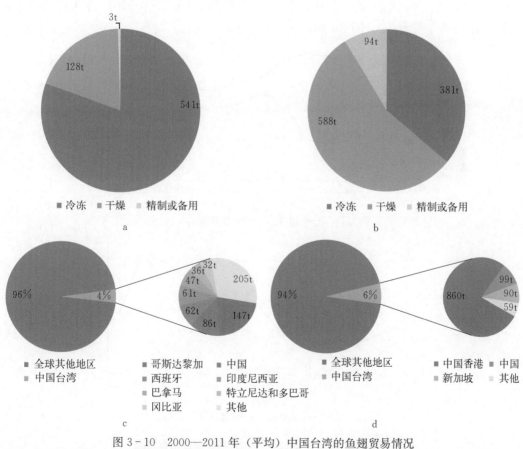

图 3-10 2000—2011 年（平均）中国台湾的鱼翅贸易情况
a. 进口类型 b. 出口类型 c. 进口主要来源 d. 出口主要目的地

1. 概况

中国台湾与中国香港和新加坡不同，除了是重要的进口地区，其境内对鲨鱼以及鱼翅的消费也很大。因此，其贸易变化趋势不能作为全球趋势的指标。其远洋船队，在鲨鱼捕捞中占据主要地位，在大西洋、印度洋和太平洋都有作业。中国台湾 2000—2011 年以年平均 4.386 9 万 t 的捕捞量位居全球第四，虽然总量在 2009 年（2.931 万 t）和 2010 年（2.435 2 万 t）有所减少，此后 2011 年又恢复到 4.307 3 万 t。值得一提的是，直到 2007 年，中国台湾记录的软骨鱼类产品只有两类："魟、黄貂鱼、蝠鲼等"和"鲨鱼、魟、鳐等"。2007 年，加入 5 个特定种分类：大青鲨、灰鲭鲨、镰状真鲨、长鳍真鲨和日本半皱唇鲨。不过，鲨鱼产品中主要（2007—2011 年总量的 86%）仍是"鲨鱼、鳐、魟等"。鳐和魟偶尔也会被捕捞用来获取软骨做鱼翅羹。因此，在任何集成数据中，很难评估实际有多少鲨鱼是为了获得鱼翅产品。作为一个鱼翅贸易区，在总量上，2000—2012 年中国台湾是第五大鱼翅出口区，平均每年出口 1 114 t；在价值上排第八位（每年平均 810 万美元）。中国台湾也是同期第五大总量进口区（平均每年 681 t），在进口额上排第四位（平均每年 590 万美元）（图 3 - 11 和图 3 - 12）。不过，考虑到境内生产规模，这些数据不能充分反映中国台湾作为消费和生产地区的重要性。总体上，中国台湾也可以说是一个相对低价鱼翅（未加工和冷冻）的贸易区；其鱼翅贸易平均单价 2000—2012 年为进口 8.9 美元/kg，出口 7.5 美元/kg（图 3 - 13）。

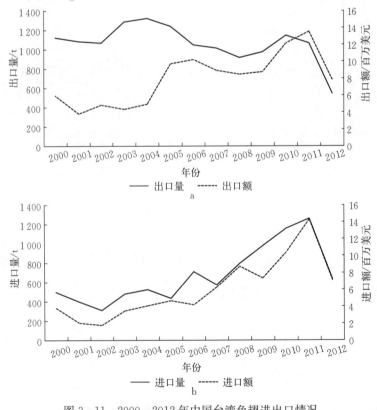

图 3 - 11　2000—2012 年中国台湾鱼翅进出口情况

a. 出口情况　b. 进口情况

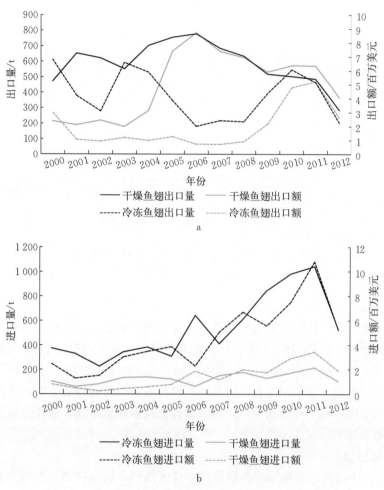

图 3 - 12 2000—2011 年中国台湾各类型鱼翅进出口情况
a. 出口情况 b. 进口情况

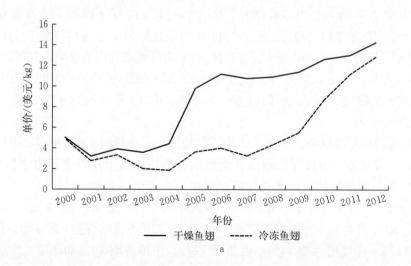

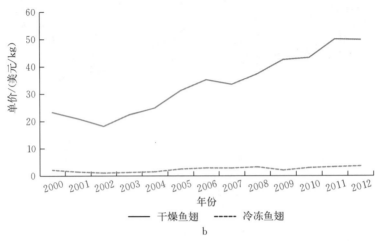

图 3-13 2000—2012 年中国台湾鱼翅进出口单价

a. 出口单价 b. 进口单价

2. 贸易记录

中国台湾海关记录的鱼翅贸易相比其他主要贸易地区要更加详细，在商品描述准确度上仅次于中国香港。鱼翅按照三种不同分类来记录：干燥、冷冻（包括"腌制和盐水浸泡"）、精制或备用。这三种分类一直持续到 2013 年。和中国香港一样，对鱼翅是否冷冻进行说明，使得理论上评估中国台湾贸易的原材料数量以及通过适当方法估算捕获量成为可能。考虑到中国台湾是一个初级生产者和低价原料鱼翅贸易地，估计归为干燥和冷冻类的鱼翅主要是未加工。

3. 进口和出口

虽然历史上中国台湾的鱼翅出口量是进口量的两倍，但这种情况在逐步改变。2000—2011 年，进口量和进口额稳定增长，2011 年记录进口总量 1 260 t，比 2000 年增加了 153％；2012 年进口量有所减少，为 635 t。对应的进口额增长幅度更大，2011 年进口的鱼翅价值 1 420 万美元，比 2000 年增长了 275％，但 2012 年下降到 710 万美元。总量的上涨是因为冷冻鱼翅进口的稳定增长，2011 年冷冻鱼翅占了总进口量的 83％。不过总额的上涨，主要是因为进口干燥鱼翅单价的上涨，2011 年干燥鱼翅占了总额的 76％。2000—2011 年出口量相对稳定，平均 1 108 t，其中主要（55％）是干燥鱼翅。2000—2011 年出口总额增长了 128％，所有鱼翅商品组的单价都有上涨。2012 年，出口下降到 543 t（780 万美元）。

4. 贸易伙伴

中国台湾的鱼翅进口来源多样，11 个不同地区占了总量的 4％或更多。进口主要来自初级生产地，有部分是由远洋作业的台湾船队在外国港口上岸，之后由中国台湾进口。2000—2012 年总量前五的进口来源按降序依次为：哥斯达黎加 21％（141 t，29.2 万美元）、中国大陆 13％（89 t，190 万美元）、西班牙 9％（61 t，72.5 万美元）、印度尼西亚 9％（58 t，83.9 万美元）和巴拿马 7％（44 t，13.2 万美元）。进口额方面，前六位为：中国大陆 31％、印度尼西亚 14％、西班牙 12％、中国香港 10％和印度 8％。不同来源地的相对重要性近年来有所改变，来自哥斯达黎加的主要是低价值的冷冻鱼翅显著下降，来自中国大陆、西班牙、新加坡、特立尼达和多巴哥、巴拿马和印度尼西亚的进口在增加。进口中主要是冷冻鱼翅，也有从中国大陆、印度和印度尼西亚进口的高价值的干燥鱼翅。

2000—2012 年中国台湾的鱼翅出口主要目的地是中国香港，占了出口总量的 77%（821 t）和总额的 65%（590 万美元）。出口往中国香港的主要是干燥鱼翅（总量的 63% 和总额的 71%）以及较少的冷冻鱼翅（总量的 32% 和总额的 20%）。中国香港的统计显示，这些出口几乎都是未加工原材料。继中国香港之后，其他两个主要出口目的地为中国大陆和新加坡，虽然总量和总额都在增长，但占比仍相对较小。2000—2012 年输往中国大陆的出口年均总量为 96 t（94.7 万美元），而新加坡则是 86 t（69.3 万美元）。这些出口有干燥、冷冻、精制或备用鱼翅，2008 年后两个地区的冷冻鱼翅比例都有显著增加，而输往中国大陆的干燥鱼翅在 2010 年后为零。另一个显著趋势是从中国台湾出口往中国大陆的冷冻鱼翅单价在稳定增长，从 2004 年的 0.75 美元/kg 稳定增长到 2012 年的 23.1 美元/kg。

5. 境内贸易和市场

中国台湾是全球前五的鱼翅进出口地区，全球第四大软骨鱼类生产地。这种贸易和生产以及境内高消费潜力的组合，使得中国台湾成为最重要也最复杂的全球鱼翅市场之一。简单对比 2012 年中国台湾的进出口量，会发现有 100 t 的差额。不过，鱼翅进出口"干燥，未加工""冷冻，未加工"和"精制或备用"混合，以及境内上岸渔获会补充进口和增加当地供应，会使情况复杂化。而且，由于航程很远，无法得知贸易统计是否包含中国台湾船队在外国港口上岸渔获的情况。由于上述原因，已有的统计数据没有充分信息来可靠评估中国台湾的境内消费。

过去 10 年里少有对中国台湾鱼翅贸易的调查（McCoy，2006）。对境内贸易和加工模式唯一的信息是来自 2008 年对中国香港、日本和新加坡 4 个贸易商的访问。他们承认海上的冷冻鱼翅（如来自远洋捕捞），有时仍被中国台湾的捕捞船和运输船所控制。他们指出中国台湾上岸的主要港口是高雄南岸的东港。东港和苏澳港是中国台湾沿岸延绳钓船的主要上岸点，远洋延绳钓通常在高雄上岸。冷冻鱼翅在附近加工干燥，之后运往中国大陆。虽然通过运输船运往中国台湾的鱼翅应该记为进口，但这不适用于中国台湾的渔船，因此这种情况表明中国台湾的报告进口可能会低估其总供应量。来自中国大陆的船只会在台湾海峡接受中国台湾渔船提供的未加工鱼翅，之后上岸，而不是在中国大陆的港口卸货。主要的受访者认为中国台湾只是一个中转站，自身的鱼翅消费并不高。

2012 年 1 月，中国台湾颁布了一个规定，要求鲨鱼必须和鱼翅自然绑定上岸。这项规定对使用并保存渔获的船实行。对于冷库容量超过 100 t 的船只，这项规定延期一段时间。前 6 个月，鱼翅和鱼体重量比要求控制在 5%，接下来 6 个月鱼翅必须和鱼体绑定，2013 年 1 月 1 日后要求必须自然绑定。使用冷库但容量小于 100 t 的船只被准许有一年时间（2012 年）来实现 5% 的比例，接下来 6 个月（2013 年 1—6 月）鱼翅和鱼体绑定，2013 年 7 月开始要求自然绑定。这个规定对国际渔业组织管辖渔船捕捞的和国外港口上岸的鲨鱼无效。

根据东港和苏奥港口的数据，以主要被小型冰储延绳钓渔船使用的港口为例，冷冻鱼翅贸易自禁令之后没有显著变化。这种情况很可能是因为港口多年来已经在接受大量的整只鲨鱼，所以上岸模式不需要为执行规定作出改变。相对的，通过高雄贸易的冷冻鱼翅量由于禁令逐步实施而下降，除了 2014 年 1 月出现了较高记录（图 3 - 14）。这种趋势是因为规定的执行，或鱼翅需求下降，或两者共同作用。而且，这些数据不能推断出鱼翅捕捞量或上岸量在下降，因为大量高雄的冷冻延绳钓上岸渔获可以选择在外国港口上岸。中国台湾渔业管理部门统计显示，禁令之后超过 1 000 艘接受检查的船只中，2012 年只有 2艘，2013 年只有 9 艘存在违法行为。每年受检查船中有 16%～21% 是冷冻延绳钓船。虽然这些信息对于中国台湾在全球贸易中的鱼翅生产地位来说可能有些模糊，但的确说明 2012 年后对境内市场的供应逐渐萎缩。媒体报告显示，2013 年的鱼翅价格下降到了原来的一半水平，高质量鱼翅价格从 46 美元/kg 降到 23 美元/kg，低质量的鱼翅从 23 美元/kg 下降到 12 美元/kg。

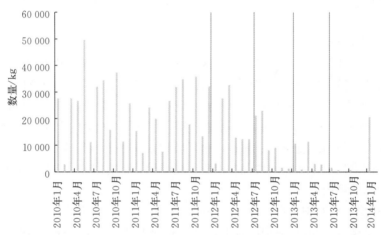

图 3 - 14　2010 年 1 月—2014 年 1 月中国台湾高雄市冷冻鱼翅交易数量
（注：竖线表示中国台湾各种大小和类型船舶鱼翅捕捞规定的实施日期）

二、新加坡

新加坡是全世界继中国香港之后的第二大鱼翅集散地，在总量上是第二大进出口区。其国内产量有限，国内市场相对较小。2000—2007 年，其记录的平均每年鱼翅进口量为 1 583 t，价值 4 300 万美元；平均每年鱼翅出口量为 1 218 t，价值 3 410 万美元。新加坡的贸易数据中，鱼翅曾被多次重新归类，2008—2011 年冷冻鱼翅（精制或备用）被作为冷冻鲨鱼肉来记录。考虑到鱼翅重新分类带来的数据缺陷，新加坡的鱼翅贸易可能在增长。

（一）概况

新加坡在鱼翅国际市场上的地位和中国香港一样，是一个国内市场很小的鱼翅进口和再出口区。其国内消费基础相比中国香港要小很多，但和马来西亚一起也构成了一个重要的市场。2000—2011 年，基于向 FAO 报告的统计数据（准确性后面讨论），新加坡占了全球鱼翅进口总量的 7％（1 127 t），总额的 10％（4 000 万美元）；而出口则占全球出口总量的 5％（864 t），总额的 9％（2 860 万美元）（图 3-15）。这使得新加坡成为继中国香港之后的第二大进出口区。只看数量，新加坡的进口会降至第四，出口降至第六，这说明新加坡鱼翅的单价较高，进出口都大约 35 美元/kg。除了公开报告的贸易统计数据，2000 年中期及以后，新加坡从印度洋收获了大量鱼翅，计入公开发布的统计报告中（Clarke，2005）。和中国香港一样，新加坡对鱼翅初级产品（生料）的贡献不大，2000—2011 年国内平均每年软骨鱼类产量只有 188 t。

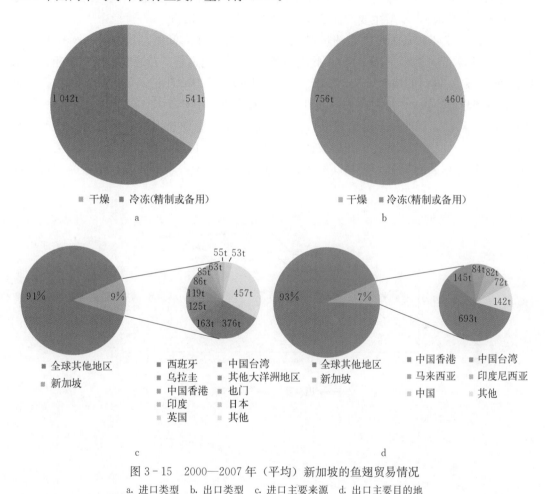

图 3-15　2000—2007 年（平均）新加坡的鱼翅贸易情况
a. 进口类型　b. 出口类型　c. 进口主要来源　d. 出口主要目的地

（二）贸易记录

新加坡海关此前记录鱼翅贸易有两种基本分类：干燥，精制或备用。第二类 2007 年进一步分成了两类，一类是"密封器储存精制或备用鱼翅"，另一类是"未用密封器储存"。没有具体参考可以判断鱼翅是否冷冻，这种模糊不清导致无法判断冷冻鱼翅如何报告和是否被报告。Clake（2005）指出在新加坡公布的统计数据中未加工冷冻鱼翅是作为精制鱼翅来计算。考虑到 2008 年精制鱼翅被分成两类后报告数量出现大幅下降，同年新加坡报告的冷冻鲨鱼肉增长，推断冷冻鱼翅是在 2007 年作为精制鱼翅统计，之后在 2008—2011 年作为冷冻鲨鱼肉统计。2012 年，新加坡鲨鱼商品编码系统进行了另一次修订，将"干燥"分类从（未精制）鱼翅描述中移除。考虑到 2012 年鱼翅报告贸易量相较 2011 年干燥鱼翅出现大幅增长，以及通过将新加坡贸易统计与中国香港进行比较，判断出 2012 年新加坡将冷冻鱼翅从冷冻鲨鱼肉商品编码中移到了一般鱼翅编码。

（三）进口和出口

由于对 2008—2011 年这 4 年里的新加坡贸易进行准确评估比较困难（冷冻鱼翅和冷冻鲨鱼肉并在一起），本节主要关注 2000—2007 年以及 2012 年。

2000—2007 年，新加坡的鱼翅进口稳定上升，在 8 年时间里总量翻番，2007 年达到 2 161 t（5 360 万美元）（图 3-16）。此次增长中主要的因素是"精制或备用"鱼翅（如未加工冷冻鱼翅）进口的快速增长，2007 年总量和总额是 2000 年记录的大约 3 倍。在每年进口总量和总额方面，"精制或备用"鱼翅分别占了 66%（年平均 1 042 t）和 45%（年平均 1 950 万美元）。同时，干燥鱼翅进口占了新加坡报告鱼翅进口的剩余部分，出现了轻微下降（图 3-17）。2012 年，新加坡进口了总共 2 708 t 鱼翅，进口额 6 120 万美元，总量中的 94%（总额的 80%）是用新的鱼翅集成编码来记录，剩下的则被描述为"精制或备用"。

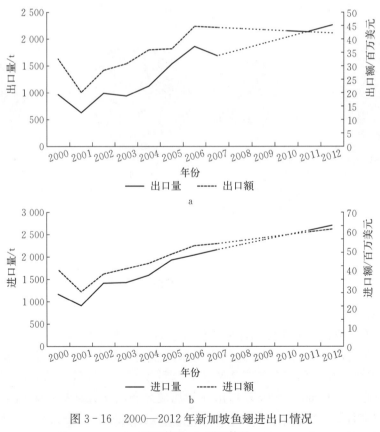

图 3-16　2000—2012 年新加坡鱼翅进出口情况
a. 出口情况　b. 进口情况

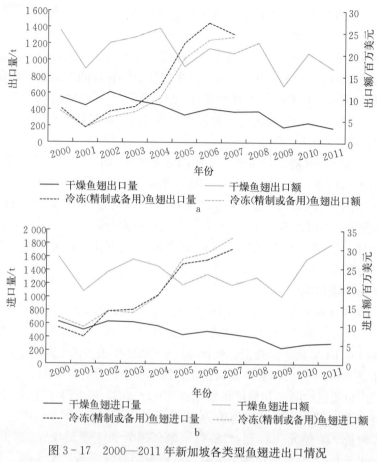

图 3-17 2000—2011 年新加坡各类型鱼翅进出口情况
a. 出口情况 b. 进口情况

　　2000—2007 年，新加坡的鱼翅出口总体上和进口一致，持续稳定地上升了 5 年，2006 年达到峰值（1 862 t，450 万美元），2007 年这一数字为 1 690 t 和 440 万美元。增长主要归功于"精制或备用"鱼翅出口的繁荣，其在 2000—2007 年占了每年出口总量的62%（年平均 757 t），总额的 36%（年平均 1 240 万美元），总量和总额增长了几乎三倍。截至 2007 年，新加坡其余鱼翅出口主要是干燥鱼翅。2012 年，新加坡报告出口了 2 261 t，价值 4 220 万美元，总量中 96%（总额中的 92%）是按照新的鱼翅集成编码来分类。如果这些数据计算了各种类型的鱼翅，那么 2012 年相比 2007 年总量有大幅增加，总额略有下降。

（四）贸易伙伴

　　从 2000—2007 年的平均水平来看，新加坡鱼翅进口的主要来源从量上依次为西班牙24% 和中国台湾 10%。来自西班牙的进口增长迅速，从 2000 年的 4 t 增长到 2007 年的1 107 t。值得一提的是西班牙和中国台湾都在印度洋保有大型金枪鱼船队，这很可能是新加坡上岸鱼翅的主要来源。第三、第四和第五位的分别是乌拉圭 8%、大洋洲岛国 8% 和中国香港 5%。在进口额方面，中国香港位居第一，占 13%，之后是西班牙 12%、印度尼西亚 10%、印度 8%、也门 7% 和中国台湾 6%。来自中国香港和印度尼西亚的进口总体上是干燥和"精制或备用"（冷冻）鱼翅两类混合。来自印度的进口主要是干燥生料，而从中国台湾、西班牙和乌拉圭的进口则主要是低价值的"精制或备用"（冷冻）鱼翅。

在年平均总量上，新加坡 2000—2007 年前四位出口伙伴依次为中国香港 57％，中国台湾 12％、马来西亚 7％和印度尼西亚 7％。在出口额方面，依次为中国香港 62％、马来西亚 14％、印度尼西亚 5％和中国台湾 5％。出口往中国香港的产品是干燥和"精制或备用"（冷冻）鱼翅混合，后者在 8 年时间里占了总量的 56％，总额的 32％，剩下的则是干燥鱼翅。出口往马来西亚的产品也是两种混合，而出口往中国台湾和印度尼西亚的产品主要是"精制或备用"（冷冻）鱼翅。

2012 年，新加坡鱼翅进口最重要的来源国是西班牙（692 t，1 120 万美元）、乌拉圭（630 t，940 万美元）、纳米比亚（297 t，450 万美元）、中国香港（282 t，970 万美元）和印度尼西亚（131 t，620 万美元）。同年主要的出口目的地有中国［中国内地（大陆），351 t，510 万美元；中国香港，282 t，970 万美元；中国台湾，157 t，240 万美元］、日本（233 t，370 万美元）和菲律宾（136 t，230 万美元）。这些出口产品中绝大多数在海关数据中被简单归为鱼翅。

（五）国内贸易和市场

21 世纪初新加坡对鲨鱼产品的国内市场开展了一次研究，估计新加坡国内鱼翅消费每年为 300～400 t（或 900～1 200 t 未加工鱼翅）（Clarke，2005）。这个数据与新加坡 2003 年报告的 1 021 t 鱼翅产品接近，但比 2000—2009 年报告的 120～475 t 要高出很多。所以，很难知道 2003 年国内消费评估额相比其他年份是否也有所高出。

新加坡国内鱼翅售给酒店和餐厅的价格在 2011—2012 年下降了 1/3。同期批发价格下降了 30％～50％，其中加工鱼翅售价为 150～200 美元/kg（图 3-18）。较好的"巢"状散翅平均零售价 218 美元/kg，小型整只干燥鱼翅为 305 美元/kg，较厚的辐射"巢"状散翅为 332 美元/kg。新加坡市场上可见的鲨鱼种类有大青鲨、犁头鳐、长尾鲨、灰鲭鲨、狗鲨、翅鲨、新西兰星鲨、姥鲨和各种真鲨。早期对贸易商的采访显示人们对环境缺乏关注，却对经济增速放缓十分焦虑。然而，新加坡的媒体报告显示餐饮行业和贸易商都越来越关心鱼翅供应可持续性带来的压力。

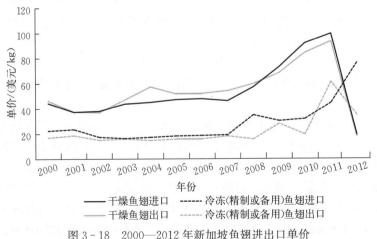

图 3-18　2000—2012 年新加坡鱼翅进出口单价

三、马来西亚

马来西亚是一个拥有大规模鱼翅消费市场的主要鲨鱼生产国，进口大量低价值的鱼翅。泰国是马来西亚主要进口来源，主要供应低价值的加工鱼翅（图3-19）。2000—2011年，马来西亚平均每年出口鱼翅238 t，价值90.2万美元。马来西亚官方一直采用"精制或备用""干燥"和"冷冻"鱼翅来区分，但会频繁更新商品编码，这些编码能否准确辨别鱼翅未知。马来西亚的统计显示，鱼翅进口量在过去10年里稳定增长，但2004年前后总量出现较大差异，这可能是因为贸易记录中鱼翅辨别水平提高而非贸易量的真实增长。

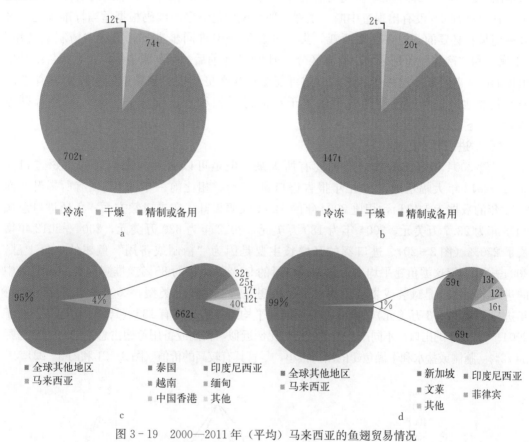

图3-19 2000—2011年（平均）马来西亚的鱼翅贸易情况
a. 进口类型　b. 出口类型　c. 进口主要来源　d. 出口主要目的地

（一）概况

马来西亚，有庞大的华人群体，是重要的中等鱼翅市场（Clarke，2005）。2000—2011年在全球进口总量中占比7%。这使得马来西亚在这12年里在总量上成为全球第四大进口国。不过，马来西亚作为出口国的重要性略低，在全球总量中占比1.4%（238 t）。另外，尽管总量相对较高，马来西亚的鱼翅贸易主要是价值较低的产品，所以在全球出口总额中只占0.3%（90.2万美元），进口总额中占0.9%（320万美元）。2000—2012年的数据可以算出平均进出口单价分别为 4.6 美元/kg 和 2.9 美元/kg，这反映出国内市场倾向于更便宜的主要是罐装的鱼翅，其中一些也会用于出口。马来西亚也是一个重要的鲨鱼生产国，2000—2011 年平均捕捞产量为 23 412 t，同期排行第九。虽然这些渔获中 67％被归为"鳐、刺鳐、蝠鲼类"而非特定鲨鱼（McDavitt，2005），但有一些种类也会被用于鱼翅羹的生产。

（二）贸易记录

考虑到商品分类描述不清，编码多次分解和再整合，以及鱼翅曾经记为其他分类且未明确报告为鱼翅所造成的公开数据的不连续性，要对马来西亚的鱼翅贸易记录进行准确分析很困难。2000—2011 年，鱼翅贸易统计由马来西亚海关按照 9 个不同的商品编码来记录，其中只有 2％没有出现过中断。虽然一般来说用足够多的编码根据适当标准来充分区分鱼翅是有必要的，但在马来西亚，集成和新编码引进同步进行。虽然"精制或备用""干燥"和"冷冻"鱼翅之间一直有区分，但 2004 年前后"精制或备用"鱼翅报告统计中出现的巨大差异显示这种产品形式以前可能被包含在更集成的分类中。和除中国香港以外的其他地区一样，没有能参考的关于产品经受何种程度加工的文献，如是否剔除软骨。

（三）进口和出口

尽管 2004 年之前的数据准确度有所欠缺，但是可以明确马来西亚的鱼翅进口在2004—2012 年大幅增加。2004 年报告进口量 850 t，相比前一年的 813 t 有所提升，而2012 年的数据为 1 433 t，相比 2004 年的 123 t 大幅提升。在进口额方面，鱼翅进口总额2003 年为 23.7 万美元，2004 年为 180 万美元，2012 年为 630 万美元，2004—2012 年增长了 250％（图 3-20）。进口额的高增长主要是因为"精制或备用"鱼翅的单价上涨。2004—2012 年这类鱼翅平均占鱼翅总进口量的 92％，总额的 85％。推测这类商品编码中的进口产品主要是罐装或袋装鱼翅。干燥鱼翅是第二大产品类型，2000—2012 年平均每年进口 71 t（28.3 万美元），而冷冻鱼翅同期平均每年进口只有 13 t（16.7 万美元）。对于2004—2012 年的出口，不同产品类型的相对比例近似，精制或备用鱼翅占总量的 89％和总额的 72％。腌制或盐水和干燥鱼翅的出口很小，尽管具有较高的价值（图 3-21 和图 3-22）。

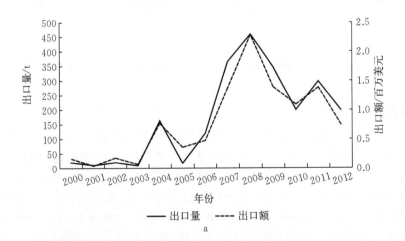

a

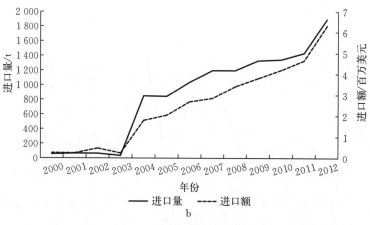

b

图 3-20 2000—2012 年马来西亚鱼翅进出口情况

a. 出口情况 b. 进口情况

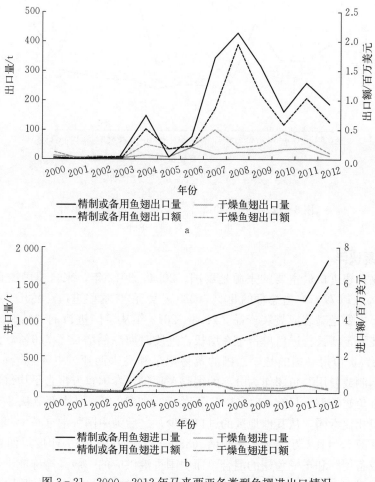

图 3-21 2000—2012 年马来西亚各类型鱼翅进出口情况

a. 出口情况 b. 进口情况

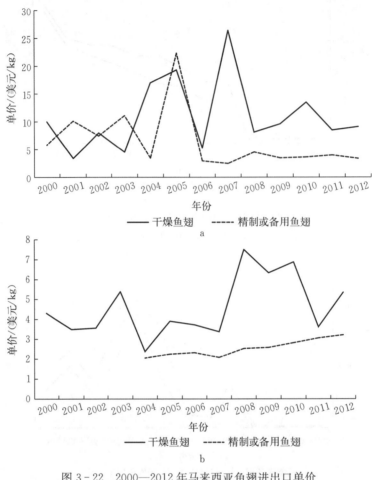

图 3-22 2000—2012 年马来西亚鱼翅进出口单价

a. 出口单价 b. 进口单价

（四）贸易伙伴

马来西亚鱼翅进口最主要的来源是泰国。2004—2012 年，来自泰国的鱼翅占鱼翅进口总量的 87%（1 077 t），占总额的 80%（280 万美元）。这些进口产品几乎都是"精制或备用"鱼翅，主要是罐装或袋装产品。2004—2012 年从泰国进口的"精制或备用"鱼翅量和价值都在稳定增长。进口单价也在增长，这段时期总额增长了 326%，相比之下总量只增长了 148%。值得一提的是，泰国的贸易记录和马来西亚的并不吻合，自泰国 2007 年开始将"精制或备用"鱼翅作为分离的编码来报告，泰国官方报告平均每年向马来西亚的出口（所有鱼翅类型）只有 67 t（1.98 万美元）。2012 年，马来西亚从 8 个不同的地区进口鱼翅，但相比泰国，从其他地区的进口很少，之后为中国香港（17 t，21.9 万美元）、印度尼西亚（37 t，11.7 万美元）和越南（38 t，12.2 万美元）。印度尼西亚和越南供应的是"精制或备用"和干燥鱼翅的混合，而中国香港供应的一般是冷冻或干燥产品。

马来西亚只向少量几个国家出口鱼翅。和进口类似，贸易几乎整体局限于相对较小的地理区域。2004—2012 年，新加坡占了最大份额，出口量占比 39%（95 t），出口额占比

40%（43.8 万美元），这些数据在 2008 年金融危机之后大幅下降。2010—2012 年，马来西亚向新加坡平均每年出口 40 t（27.6 万美元）鱼翅。印度尼西亚是马来西亚第二大出口目的地，平均占总量的 34%（82 t），占总额的 22%（23.9 万美元）。输往新加坡和印度尼西亚的出口几乎都是"精制或备用"鱼翅，一般价值很低，大部分可能是初步罐装或袋装产品。继新加坡和印度尼西亚之后，2004—2012 年马来西亚两个重要的出口市场是文莱（25 t，9.4 万美元）和菲律宾（16 t，3.3 万美元）。

（五）国内贸易和市场

马来西亚近年来进口大量加工鱼翅说明国内消费量很高，如果算上马来西亚作为前十的鲨鱼捕捞生产国为当地加工和消费提供的额外供应，消费量可能会更高。2003—2004 年一项对 6 个马来西亚主要鲨鱼上岸港口的研究发现，大部分鱼翅产品在当地消费，只有最大的最有价值的鱼翅用于出口（SEAFDEC，2006）。如果这项研究反映了当前的情况，那么说明马来西亚的消费水平可能是位于世界前列。

2003—2004 年的研究还发现，在胡丹美林丹、关丹、木胶、民都鲁、哥打基纳巴卢和山打根上岸的鲨鱼通常整只卖给商家，而没有按照种或尺寸来区别定价。一个例外是较大的鲨鱼，鱼翅已经被割下且单独售卖，通常用于海外出口和加工。这些地区只有少量鱼翅加工商会加工小型（小体型或幼体）鲨鱼用于当地消费。哥打基纳巴卢干燥未加工鱼翅的价格低于 8 美元/kg，干燥加工鱼翅低于 13 美元/kg，说明这些产品价值较低（SEAFDEC，2006）。

在吉隆坡和槟城分别对批发和零售的出口进行调查，这两个地区都有较大的华人群体，发现这些地区的贸易商进口鱼翅而非从本地获取。这些贸易商向马来西亚市场提供的是中国市场不需要的低质鱼翅，虽然某些出口也发现有少量高价值鱼翅。加工或批发商向餐馆提供湿鱼翅，同时也（单独）售卖可以混杂湿鱼翅的人工鱼翅。贸易商当时认为消费者对人工鱼翅的接受度较高，因为质高价廉。

虽然马来西亚国内鱼翅贸易的发展趋势尚不清楚，但有媒体报告指出马来西亚政府 2007 年已经禁止了鱼翅羹的公务消费，沙巴州（哥打基纳巴卢和山打根港口所在地）颁布了一条鲨鱼目标捕捞和鲨鱼割鳍禁令。鱼翅贸易由于当地鲨鱼上岸减少而呈现下降趋势。

四、印度尼西亚

印度尼西亚是一个主要的鱼翅生产国和出口国。其进口可以忽略，但巨大的产量被国内市场消化了多少尚属未知。印度尼西亚在总量上是全世界最大的鲨鱼生产国和第三大出口国。印度尼西亚只向相对有限的几个东亚和东南亚的港口和市场出口鱼翅。2000—2011 年，印度尼西亚平均每年出口鱼翅 1 235 t，价值 1 000 万美元。历史上记录的只有干燥鱼翅贸易，2009 年为"精制或备用"以及冷冻鱼翅添加了两个分类，此后 2012 年修订时去掉了后者（冷冻）。统计显示鱼翅出口量有大幅变化，但尚不清楚编码修订对此有多大影响。

（一）概况

1998 年后印度尼西亚曾是世界上最大的鲨鱼生产国，2000—2011 年平均年产量为

10.603 4 万 t。2005 年印度尼西亚将鲨鱼捕捞统计从 2 个分解到 11 个物种组,此时明显看出年产量中平均有 4.221 9 万 t 是鳐类,但这种鱼类在多大程度上被用于鱼翅羹尚不清楚。考虑到记录的捕获量,印度尼西亚在鱼翅国际市场的天然属性就是一个主要的原材料生产国和出口国。在贸易量方面,2000—2011 年印度尼西亚占了全球年鱼翅平均出口总量的 7%(1 235 t),总额的 4%(1 000 万美元)。这使得印度尼西亚在出口量上成为全球第三大出口国,在出口额上为第六大出口国。出口额相对较低是因为主要是原材料,具体来说是干燥鱼翅(图 3-23)。印度尼西亚作为进口国的重要性要低很多,2000—2011 年平均占总进口量的 1%(164 t)和总进口额的 0.4%(140 万美元)。

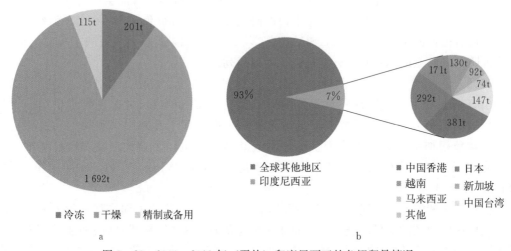

图 3-23 2000—2011 年(平均)印度尼西亚的鱼翅贸易情况
a. 出口类型 b. 出口主要目的地

(二)贸易记录

和大部分鱼翅贸易国一样,印度尼西亚记录鱼翅贸易主要有 3 个分类:干燥;冷冻;精制或备用。不过,后两个编码在 2009 年引进,也不清楚之前是否包含在干燥分类中。没有其他参考可以确定鱼翅经过何种程度或类型的加工,虽然主要的出口类型应该都是未加工。进口的情况更加不明晰。剩下的冷冻商品编码分类也存在这个问题,此分类的完整描述为"海洋鱼类,包括鱼翅,腌制但未干燥或熏制或盐水保存",可见冷冻鱼翅很可能在包含其他鱼类产品的编码中记录。这不利于鱼翅贸易量化的准确性,因为贸易统计没有将鱼翅和其他鱼类产品区分开来,评估贸易量对应的捕捞产量变得特别困难。2012 年,数据质量进一步恶化,此时干燥和冷冻鱼翅的区分被从编码系统中移除,且所有鱼翅贸易记录都是按照"精制或备用"或简单如"鱼翅,适合人类消费"来进行。

(三)进口和出口

印度尼西亚 2000—2012 年每年平均鱼翅的出口量为 1 225 t,价值 1 010 万美元。2000—2010 年,印度尼西亚的鱼翅年出口量总体保持上升,逐年变化显著。值得注意的是,出口量在 2010 年达到 2 591 t 的峰值(1 440 万美元),这一数字是 2008 年的两倍,而 2011 年为 1 795 t(1 400 万美元),此后 2012 年在引入新的商品编码后降至 507 t(860 万美元)

（图 3-24）。出口平均单价，在大部分为未加工原材料的情况下，相对较低为 8.3 美元/kg（图 3-25）。2009 年之前，所有的鱼翅贸易都是以单一商品编码来记录，只有干燥鱼翅。2009—2011 年，出口含有干燥鱼翅的平均比例为按量为 84%，按价值为 79%。对于"精制或备用"鱼翅，同期所占比例在量上为 6%，价值上为 15%，而冷冻鱼翅分别为 10% 和 6%。至于印度尼西亚的进口，2000—2011 年平均每年 156 t，价值 130 万美元。主要是干燥鱼翅，2009—2011 年的相对比例为 73%，"精制或备用"鱼翅比例为 24%，冷冻鱼翅为 3%。

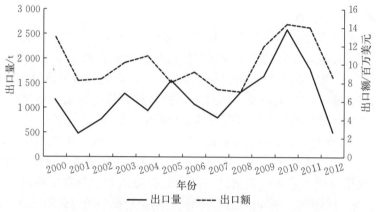

图 3-24 2000—2012 年印度尼西亚的鱼翅出口情况

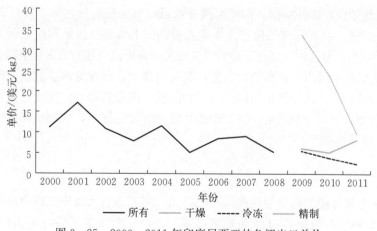

图 3-25 2000—2011 年印度尼西亚的鱼翅出口单价

（四）贸易伙伴

2000—2012 年，印度尼西亚出口总额的 92%（总量的 66%）输往 3 个市场：中国香港、日本和新加坡。平均每年出口往这 3 个市场分别为 368 t（570 万美元）、279 t（230 万美元）和 160 t（130 万美元）。2009—2011 年越南也成为印度尼西亚廉价鱼翅的出口目的地，单价 0.7 美元/kg。越南在 2009 年、2010 年和 2011 年分别进口了 235 t（27.7 万美元）、1 240 t（70.6 万美元）和 572 t（41.6 万美元）。2000—2011 年，当不同产品形式按照不同编码来记录时，出口往中国香港的产品包含99％的干燥鱼翅（价值和数量），在出口往新加坡的产品中占总额的68％和总量的57％。其余出口新加坡的是"精制或备用"产品和较高价值的冷冻产品。高价值的"精制或备用"鱼翅占了出口日本总额的66％，但只占总量的32％，其余是干燥鱼翅。其他重要的印度尼西亚鱼翅出口目的地，2000—2012年按照出口量计，依次为马来西亚（85 t，11.6万美元）和中国台湾（68 t，11.8万美元）。

印度尼西亚是一个相对较小的鱼翅进口国。2000—2012年，这些进口主要来自新加坡（39 t，39.2万美元）、阿根廷（29 t，48.9万美元）、日本（25 t，7.6万美元）和泰国（18 t，1.1万美元）。

（五）国内贸易和市场

考虑到潜在的重要性，印度尼西亚国内鱼翅产品和贸易方面的信息非常有限。2004年开展的一次研究显示，爪哇的公主港和芝拉扎是鲨鱼渔获的主要上岸港口，但雅加达、巴厘岛和苏拉威西岛也是重要的鲨鱼渔获上岸中心。出口鱼翅贸易流向雅加达和苏拉威西岛的中枢，这些鱼翅不在当地消费。质量最高的真鲨和长尾鲨翅价格超过100美元/kg，质量最高的犁头鳐翅的价格超过200美元/kg（SEAFDEC，2006）。

2008年对中国香港、日本和新加坡的4个贸易商进行的采访使人们对印度尼西亚的鱼翅贸易路线有了更深入的认识。大部分海岛都有自己的聚集点，这些点很多为苏腊巴亚和巴厘岛中心提供鱼翅。苏腊巴亚据说是印度尼西亚最大和最重要的渔民聚集中心，有10～20个经销商。估计90％的印度尼西亚渔民产的鱼翅都会经过苏腊巴亚。巴厘岛也是一个重要的聚集中心，但更多聚焦于外国金枪鱼船只捕捞的远洋鲨鱼，所以巴厘岛的贸易主要是大青鲨。小尺寸鱼翅在印度尼西亚加工，之后输往新加坡、泰国、马来西亚以及中国香港。大尺寸的优质鱼翅输往中国。印度尼西亚水域供应的所有鱼翅中，只有20％来自印度尼西亚陆基供应链。剩下的80％由中国作业人员在海上收集。虽然印度尼西亚的鱼翅贸易主要是出口导向型，但当地大城市富裕的华人居民对高价值鱼翅的需求也很强劲。

关于印度尼西亚国内贸易和消费状态，有报道指出，印度尼西亚航空、印度尼西亚国家航运于2013年10月开始禁止鱼翅作为货物运输。该报告指出，印度尼西亚航空曾经每年运输36 t鱼翅。另一个报告在2013年引用的一组数据显示，鱼翅价格下降了约50％，由141美元/kg下降到79美元/kg。

五、日本

日本是一个相对较大的鱼翅生产国和出口国，同时也有大规模的国内市场。日本是世界上第10大鱼翅生产和第11大鱼翅出口国。2000—2011年，平均每年出口鱼翅189 t，价值880万美元。基于日本主要合作伙伴的出口数据进行评估发现，日本有很大的进口量，特别是加工鱼翅。日本2000—2011年进口的鱼翅约为2 015 t，价值1 670万美元，这使得日本成为世界上最大的鱼翅进口国之一。日本报告的出口主要是输往中国和新加坡。日本只记录干燥鱼翅的出口，而进口鱼翅并不准确记录。统计显示，2000年后（干燥）鱼翅的出口持续下降。

（一）概况

日本是重要的鱼翅生产国和出口国。根据FAO统计，2000—2012年日本是世界上第

10 大软骨鱼类生产国，平均每年生产 2.191 4 万 t。不过，捕捞产量同期在持续下降，2011 年是 2000 年的 68%（1.023 8 万 t）。值得注意的是这些统计高度聚合，只有两个主要的软骨组（鲨鱼、鳐、魟、黄貂鱼、蝠鲼等）和一个单独种构成组（刺魟组）。贸易方面，日本在总额上是世界第七大鱼翅出口国，2000—2011 年平均每年出口 880 万美元。这占了全球鱼翅出口总额的 3%。相比主要鱼翅加工中心和港口，日本的鱼翅中未加工、低价值的比例相对较高，使得在总量排第 11 位，平均每年出口 189 t，占全球总量的 1.1%（图 3 - 26）。日本作为进口国的重要性不甚明了，因为日本不记录鱼翅的进口。虽然华人群体在日本相对较少，但有很多中式餐厅，主要的出口贸易报告评估显示，日本 2000—2011 年平均每年进口鱼翅 2 000 t。如果这一数字准确，这意味着日本成为全球第三大鱼翅进口国。

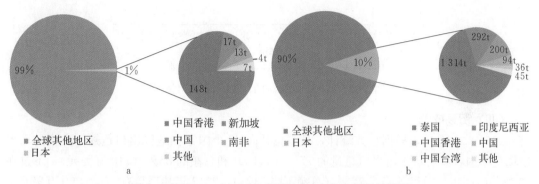

图 3 - 26 2000—2011 年（平均）日本的鱼翅贸易情况
a. 出口主要目的地 b. 进口主要来源

（二）贸易记录

日本海关只记录鱼翅出口。这些记录都在一个编码下，即"狗鲨和其他鲨鱼翅，干燥但未烟熏"，不记录"精制或备用"鱼翅和"冷冻"鱼翅出口，即便主要贸易伙伴的进口统计中包含大量这两种日本货源。而日本贸易伙伴记录的出口统计中有大量的各种类型鱼翅产品输往日本。鱼翅大体是按集合分类来记录，这意味着日本海关相比出口对进口采用了不同的商品分类。将日本的贸易报告与使用更加具体商品编码的合作伙伴的贸易报告进行比较后，会发现未报告的、多种商品分类下的贸易在进出口中都有发生。这种情况对于评估鱼翅贸易相当不利，特别是日本从那些不记录鱼翅贸易的生产国，如西班牙直接进口鱼翅。日本贸易统计显示 2000—2012 年平均每年从西班牙进口 337 t 冷冻"鲨鱼肉"，单价 16 美元/kg，这对于鲨鱼肉来说价格不高，除非里面有鱼翅。

（三）进口和出口

根据官方统计，日本的鱼翅出口在 2000—2012 年持续下降。2012 年的 131 t 相比 2000 年下降了 52%。这种下降趋势也在总额中反映出来，2012 年的出口额 510 万美元，相比 2000 年下降了 54%（图 3 - 27）。日本进口高价值鱼翅，同期平均单价 46.4 美元/kg。日本相比于主要加工中心，更是一个原材料生产国，鱼翅出口主要是未加工类型。出口的单价高，主要因为是干燥而非冷冻，且来自需求更大的金枪鱼船捕捞的鲨鱼，特别是大型远洋种类所占比例较高。考虑到日本的进口数据可以通过主要贸易出口区的数据来构建，可以发现，尽管没有官方贸易统计的鱼翅进口记录，日本 2000—2012 年平均每年至少进口 2 015 t，价值 1 670 万美元。除了中国香港和中国台湾，这个数据没有考虑其他贸易伙伴输往日本的冷冻鱼翅的量。

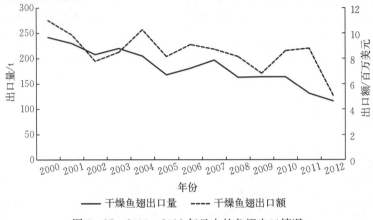

图 3-27　2000—2012 年日本的鱼翅出口情况

（四）贸易伙伴

2000—2012 年，根据官方统计，日本总共向 22 个国家和地区出口鱼翅。主要的输出市场是中国香港，每年占出口总量的 77%（141 t）和总额的 85%（710 万美元）。不过在 13 年的时间里，总量下降了 72%（总额下降 54%），2012 年甚至只有 57 t（290 万美元）。鱼翅平均交易价格为 50 美元/kg（图 3-28）。接下来两个最重要的目的地是新加坡（占总量的 9%，17 t；占总额的 9%，75.9 万美元）和中国内地（占总量的 7%，13 t；占总额的 3%，21.8 万美元）。中国内地方面，2004 年后出现了下降，中国官方的记录进一步证实了这种变化。日本对其他国家的出口比例很小。

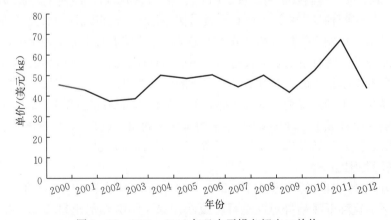

图 3-28　2000—2012 年日本干燥鱼翅出口单价

日本的进口都是根据主要贸易伙伴的出口数据来评估。2000—2012 年主要的伙伴有泰国（总量的 70%，总额的 41%）、印度尼西亚（总量的 14%，总额的 14%）和中国香港（总量的 9%，总额的 41%）。2000—2012 年，泰国平均每年向日本出口 1 410 t 鱼翅，价值 690 万美元，但值得一提的是 2007 年之前的出口为零，当时很可能是在更加集成的分类下记录的。2007—2011 年，平均每年从泰国进口 3 056 t，价值 1 480 万美元。泰国向日本出口的主要是"精制或备用"鱼翅，而从中国香港、印度尼西亚进口的主要是干燥鱼翅，其中来自中国香港的鱼翅主要是"干燥，加工"鱼翅。平均单价方面，这 3 个地区出口的鱼翅，中国香港最高，为 36.1 美元/kg；接下来是印度尼西亚的 8.1 美元/kg，而泰国为 4.9 美元/kg。

（五）国内贸易和市场

日本平均每年进口的加工鱼翅估计为 3 000 t。日本不是鱼翅加工中心，且缺少加工鱼翅的商品编码，因此假设进口加工鱼翅用于国内消费是合理的。而且，日本捕捞船队带来的鱼翅加工都作为国内进口加工鱼翅消费的补充。所以，尽管缺少贸易统计数据，依旧可以判断日本可能是世界上最大的鱼翅消费市场之一。

日本除了国内加工鱼翅贸易网，还有未加工鱼翅贸易流。这些鱼翅来自日本捕捞船，通过上岸港口到达大阪、神户和横滨地区的出口整合中心，继而输往外国口岸和加工中心。近岸渔业上岸的整只鲨鱼的鱼翅，如气仙沼（2012 年记录有 8 962 t 鲨鱼上岸）、铫子和纪伊胜浦（Nakamura，2004），可能会在国内加工或出口。鉴于日本的延绳钓渔业在 20 世纪初大幅发展，鱼翅出口曾是日本一个重要的利润来源（Okamoto，2004）。然而，日本人认为鱼翅是中国食物，通常只在中餐厅消费，这也可以解释为什么日本的海洋产品综合市场统计体系中通常不包含鱼翅分类。

2011 年 3 月的地震和海啸对气仙沼附近的鱼翅工厂造成了多大的损坏无法得知，对日本国内消费是否有冲击也不明晰。而且，2008 年 8 月，日本要求所有的船只在本国水域捕捞或在本国港口上岸必须卸载鲨鱼的所有部位（如割鳍禁令）（Camhi et al.，2009）。这些规定可能会降低近岸和沿海船只的鱼翅供应，这些船只之前不会整只卸载鲨鱼。这对于日本国内的供应和消费趋势的影响尚不清楚。

六、泰国

泰国主要出口低价值加工鱼翅。尚不清楚泰国的鱼翅出口原材料从哪里来，其国内鲨鱼产量似乎不足以支撑报告的出口量，泰国的鱼翅进口报告也很少。泰国的鱼翅主要出口到次要消费市场，如日本、俄罗斯、美国和澳大利亚。从 2007（泰国海关开始记录精制或备用鱼翅）到 2011 年，平均每年记录的鱼翅出口量为 7 560 t，价值 3 450 万美元。贸易记录分为两类，精制或备用鱼翅和干燥鱼翅。2007 年前后报告出口量存在很大差异，很可能是因为商品编码修订将精制或备用（加工）鱼翅从曾经的集成商品分类中区分出来。

（一）概况

作为一个低价值加工鱼翅出口国，泰国在全球鱼翅市场占据了重要地位。国内鱼翅市场较为活跃，因为泰国有相对较大的约 900 万华人群体，但国内消费实际能到什么程度则未知。泰国 2007 年前后数据有很大的差异，很可能是因为新的商品编码引入，而不是鱼翅出口的真实增长。所以，本节主要参考 2007—2012 年的数据和趋势，并与 2007—2011 年全球市场比较。这段时期，泰国是全球鱼翅出口量最高的国家，平均每年出口 7 560 t，占全球总量的 40%（图 3-29），比中国香港多出 2 690 t。不过，由于泰国的鱼翅出口单价较低，只是第二大出口国，平均每年的出口额为 3 450 万美元。泰国也是重要的软骨鱼类生产国，2000—2011 年的捕捞量为 18 532 t，有两个集成分类"魟、刺魟、蝠鲼等"和"鲨鱼、魟、鳐"。不过，产量在 2003 年后下降了 89%，2011 年只有 8 220 t。

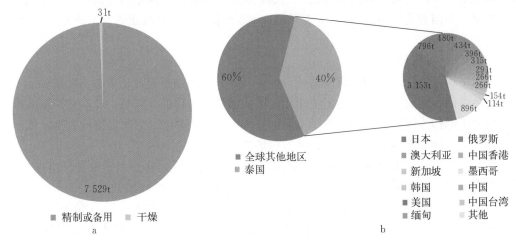

图 3 - 29 2000—2011 年（平均）泰国的鱼翅贸易情况
a. 出口类型 b. 出口主要目的地

（二）贸易记录

2007 年以前，泰国海关只按一种编码记录鱼翅，即"鱼翅，干燥，腌制与否"。2007 年，编码发生变化，等效的分类简单重命名为"鱼翅"。因此，无法确定新分类的鱼翅记录是否只有干燥鱼翅，或以前的编码是否也用于其他形式的鱼翅（如冷冻）。同样是在 2007 年，FAO 采用全新的鱼翅分类商品编码（虽然商品描述不完全如下）："密封容器中的"和"其他"。在这些编码下，泰国开始出口大量低价值的鱼翅，特别是 2007 年。"密闭容器中的"应该就是罐装，而"其他"可能是袋装翅针。这似乎不是鱼翅出口没有显著增长的根本原因，特别是鲨鱼捕捞量在下降的情况下。这更像是这些鱼翅之前按照集成或未识别的分类来记录，因此泰国出口的鱼翅数量相比官方贸易统计更多。不过，没有其他两个新分类的产品信息（含水量、保存类型等），评估原材料的数量是很困难的。值得一提的是，这些出口中只有一部分是人工鱼翅，人工鱼翅和真鱼翅的混合，或用添加剂精制的真鱼翅（汤等）使得产品重量没有多少附加值，导致单价较低。

（三）进口和出口

2000—2006 年贸易记录显示，泰国平均每年出口鱼翅 41 t，价值 140 万美元，全部属于干燥商品分类。2007—2012 年，平均每年出口 7 209 t，价值 3 380 万美元（图 3 - 30）。2007 年，泰国总共出口 13 188 t 鱼翅（5 180 万美元）。此后，出口在 2008 年的 4 742 t（2 610 万美元)到 2011 年的 7 723 t（4 020 万美元）之间波动。2007—2012 年的出口几乎涵盖了所有的"精制或备用"分类，总量中的 79%（5 664 t）和总额的 83%（2 810 万美元）都是"其他"类的鱼翅，而"密闭容器中的"鱼翅则占了总量的 21%（1 517 t）和总额的 15%（500 万美元）。相比之下，干燥鱼翅的出口几乎为零。2007—2012 年，平均出口量为 28 t，出口额 67.2 万美元。泰国的鱼翅产品比其他主要出口国要便宜很多，"其他""密闭容器中的"鱼翅平均价格为 5 美元/kg、3.3 美元/kg 和 23 美元/kg（图 3 - 31）。在"精制或备用"产品方面，价格低廉可能是因为更廉价的添加剂增加了重量。不过，总的来说，泰国的供应商致力于开发低价市场，主要是零售商和低端中餐厅，这些市场都不太注重质量。泰国也是一个小型鱼翅进口国，主要是干燥鱼翅，2007 年前后约为 92 t（100 万美元），之后为 136 t（110 万美元）。

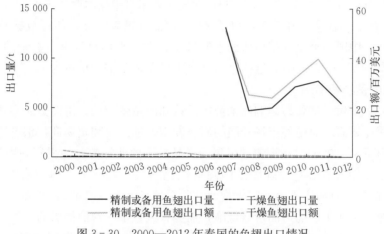

图 3 - 30　2000—2012 年泰国的鱼翅出口情况

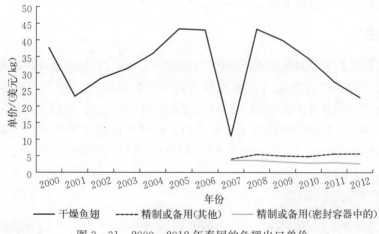

图 3 - 31　2000—2012 年泰国的鱼翅出口单价

（四）贸易伙伴

日本是泰国鱼翅的主要出口目的地，2007—2012 年占平均出口量的 42%（3 056 t），总额的 44%（1 480 万美元）。几乎所有的出口都记录在"精制或备用"类型的"其他"之下，应该都是袋装产品。虽然鱼翅消费不是日本的传统，但是有很多中餐厅，这些餐厅服务的客人并不在意鱼翅质量是否如中国一般。同期，泰国鱼翅的第二大进口国是俄罗斯，平均每年占泰国出口总量的 10%（739 t），总额的 12%（400 万美元）。俄罗斯和日本一样，进口主要是供应少量的华人群体市场，此外还有少量再出口到周边小国。美国排在第三，是另一个低端市场。2007—2012 年平均出口 431 t，价值 180 万美元，较低的单价来自 65% 的更便宜的罐装产品而非袋装（"其他"）。澳大利亚进口的鱼翅产品（平均 398 t，230 万美元）也是混合的，袋装产品比例较高；而缅甸（343 t，86.8 万美元）主要进口罐装产品。其他出口目的地有中国香港（339 t，150 万美元）、新加坡（226 t，150 万美元）、中国台湾（231 t，120 万美元）和南非（148 t，32.9 万美元）。泰国出口的干燥鱼翅主要输往中国香港和新加坡。

在进口方面，2007—2012 年泰国进口的鱼翅主要来自中国内地（36%），平均每年 50 t，价值 17.5 万美元。不过，2007 年进口了 279 t 的低价罐装产品，使得数据显得偏高。在持续供应方面，中国香港是泰国鱼翅的主要来源，占了平均每年进口总量的 30%（41 t）和总额的 44%（47.4 万美元）。这些进口都是干燥鱼翅，平均单价为 11.7 美元/kg。

（五）国内贸易和市场

泰国是另一个对全球贸易影响尚未被广泛认知的鱼翅市场。可能是因为其国内贸易和消费没有被深度调研。对曼谷市场开展的研究发现，加工商和贸易商特别不愿意提供贸易数据（SEAFDEC，2006）。在零售端采集的产品缺少商业标签，使得贸易数据更加隐晦。相对的，产品使用带有金色浮雕图片的圆形红色贴纸，如一个大拇指或中国汉字"星""龙"来作为标签，且店主不会泄露供货商的联系信息（SEAFDEC，2006）。

泰国鱼翅加工业生产的产品价格低廉，而曼谷调查中零售商提供的产品一般都是昂贵的，如 1 000 美元/kg。销售这些高端产品的商店似乎与中国香港的大型鱼翅商有联系，并将它们的货物卖给来自新加坡、中国的旅客（SEAFDEC，2006）。

七、西班牙

西班牙是世界上主要的鱼翅生产国和出口国之一，但没有国内市场。西班牙海关数据不对鱼翅进行识别，但可以通过主要进口国的贸易数据来评估西班牙的出口。西班牙 2000—2011 年平均每年出口鱼翅约 3 490 t，价值 5 790 万美元。西班牙全部出口都输往东亚和东南亚市场，主要是中国香港（图 3 - 32）。西班牙出口比例最多为冷冻鱼翅，这可能会导致对实际数据的低估，因为很多进口国不对冷冻鱼翅作特殊的贸易记录。

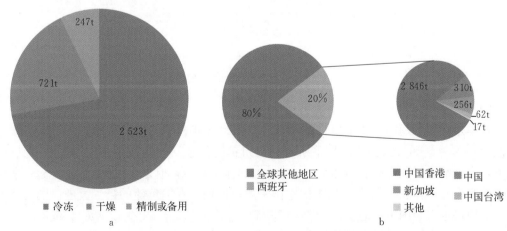

图 3 - 32　2000—2011 年（平均）西班牙的鱼翅贸易情况（估算）

a. 出口类型　b. 出口主要目的地

（一）概况

2000—2011 年，西班牙"鲨鱼、鳐和魟"的平均捕捞量为 6.129 3 万 t，继印度尼西亚和印度之后位列第三，占全球总量的 8%。西班牙的捕捞量总体在增长，尽管中期出现过下滑。事实上，2011 年 8.921 2 万 t 的捕捞量是 1997 年以来第二高，相比 2000 年和 2005 年分别增长了 11% 和 108%。这些增长主要来自大青鲨，2011 年有 7.079 1 万 t，相比 2000 年翻了一番。不过，西班牙在全球鱼翅贸易中的地位更加难以量化，因为西班牙海关不对鱼翅进行贸易记录。西班牙的鱼翅出口信息只能通过进口国数据来构建。本书使用中国、新加坡、马来西亚、印度尼西亚、美国和加拿大的数据进行评估，这些国家占了全世界鱼翅进口（使用 2000—2011 年全球数据）总额和总量的约 98%。这种评估方法是保守的，因为中国和新加坡，这两个主要的进口国，会将冷冻鱼翅（占西班牙鱼翅出口的主要部分）记录为冷冻鲨鱼肉，所以这些冷冻鱼翅的贸易量不能清楚地分开。另外，其他国家如日本，未被纳入此次评估，但从西班牙进口大量高价值的"冷冻鲨鱼肉"。考虑到这些注意事项，采用此方法评估出西班牙的 2000—2011 年的年均鱼翅出口量为 3 490 t，出口额 5 790 万美元（图 3-33）。如果将西班牙的评估量放到总量中，占全球出口总量的 17%，总额的 18%。在同期每年的平均出口方面，西班牙继中国香港之后在总量和总额上位列第二，作为生产国重要性比较突出。

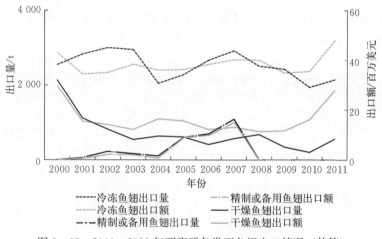

图 3-33 2000—2011 年西班牙各类型鱼翅出口情况（估算）

（二）贸易记录

虽然其他鲨鱼肉产品的贸易有记录，但西班牙海关直到 2011 年还没有使用任何能识别鱼翅的商品编码。即便 2012 年采用了 WCO 鱼翅标准 HS 编码，西班牙报告的鱼翅出口远低于贸易伙伴的报告。这对精确计量这段时期的西班牙鱼翅贸易和变化趋势来说是个大问题。采用进口数据评估是可能的解决方法。不过，前提是所选伙伴国占据西班牙出口的大头，且不同海关记录的数据也是可靠的和有可比性的。考虑到冷冻鱼翅因商品编码而被描述为"冷冻鲨鱼肉"带来的隐藏数据，后一条前提尤其站不住脚。西班牙记录的鱼翅出口很可能只是按照集成分类或模棱两可的商品描述来进行。不过，在鱼翅和鱼肉都按照一种编码来记录的前提下，想要准确地评估出两者的比例是不可能的。很明显如果考虑到两种产品在价值、市场和用于计算鲨鱼捕捞量的转化系数方面的不同，这就限制了分析和检验的意义。

（三）出口

根据贸易伙伴报告的进口鱼翅数据评估，西班牙的鱼翅出口 2000 年以后在下降。在 2007 年出现峰值 4 578 t，之后下降到 2012 年的 1 092 t，较 2000 年的 4 686 t 下降了 77％。同期单价增长了 28％，从 15.5 美元/kg 增长到 19.9 美元/kg。这样一来总额的下降只有约 70％，从 2000 年的 7 270 万美元到 2012 年的 2 170 万美元。不过，这种数据很可能不能真实反映变化趋势，而仅仅是贸易记录操作变化造成的结果，特别是考虑到西班牙报告的鲨鱼捕捞量同期在增长。一些鱼翅贸易国将越来越高比例的冷冻鱼翅记录为冷冻鲨鱼肉，这对采用贸易伙伴进口数据来评估西班牙的出口来说是个大问题，因为西班牙主要出口冷冻鱼翅。这个编码问题从两方面扭曲了真实情况：首先，它会导致对西班牙总体出口鱼翅数量的低估；其次，它会高估对某些目的地的出口量如中国香港，这些地方仅记录冷冻鱼翅贸易，而其他目的地则不会。

在评估西班牙出口中不同产品形式的比例时，必须时刻牢记这种不连续的编码问题。为此，2000—2011 年不同的出口数据被尽可能分为标准的"干燥""冷冻"和"精制或备用"类。出口额方面，基于报告贸易的 66％为冷冻（3 830 万美元）、28％的干燥（1 630 万美元）、5.7％为"精制或备用"（330 万美元）。出口量方面，这三类分别占 72％（2 523 t）、21％（721 t）和 7％（247 t）。不过，由于之前所说的编码问题，冷冻比例很可能被低估了。在单价方面，干燥鱼翅同期平均价值 22.6 美元/kg，冷冻鱼翅平均 15.1 美元/kg，"精制或备用"为 13.3 美元/kg（图 3 - 34）。相较其他初级生产者，西班牙提供的是相对优质的鱼翅，很可能与鱼翅来源的鲨鱼物种（相对大型）组成有关（捕捞统计显示主要为大青鲨）。

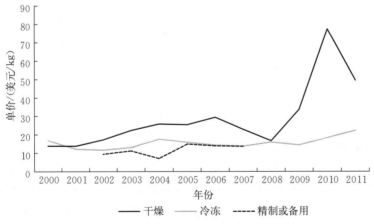

图 3 - 34　2000—2011 年西班牙的鱼翅出口单价（估算）

（四）贸易伙伴

基于各海关发布的官方统计比对，西班牙鱼翅出口的主要目的地是中国香港。2000—2012 年，输往中国香港的出口占了出口总量的 80％（2 658 t），总额的 86％（4 760 万美元）。不过，由于中国香港会在其贸易统计中报告冷冻鱼翅，而其他贸易伙伴很大程度上不会，所以这个比例很可能是被高估的。鉴于中国香港"冷冻，未加工"鱼翅占了总量的86%，总额的76%，而"干燥，未加工"鱼翅为8.2%和13%，这种考虑更是必要的。不过，根据中国香港的报告，2000年后这些出口有大幅下降，特别是2012年从西班牙输往中国香港的数量下降到276 t，相比之下2011年为2 460 t，2000年为3 159 t。2012年的下降很可能是因为引进了新的鱼翅商品编码系统，而非真实的下降。接下来两个西班牙出口的重要目的地，根据评估，依次为新加坡和中国内地。新加坡占了总量的9%（290 t），总额的8%（430万美元），中国内地的比例分别为9%（286 t）和2%（130万美元）。除去一小部分，新加坡从西班牙进口的鱼翅都是"精制或备用"类型，而中国内地海关只在干燥商品描述下记录鱼翅。新加坡"精制或备用"类可能包含冷冻鱼翅，即便编码操作不连续。中国内地2000年5月发布的冷冻鱼翅作为冷冻鲨鱼肉记录的规定会扭曲真实数据（Clarke，2004）。两国，特别是新加坡，2000—2012年的数量大幅波动。2007—2008年，很可能是因为编码异常，将冷冻鱼翅记录为冷冻鲨鱼肉，导致新加坡从西班牙的鱼翅进口从1 107 t降到4 t，而2011—2012年又从48 t增加到692 t。相反，中国内地2010年以后没有从西班牙进口鱼翅的记录，此前从2000年的1 469 t一直在下降。

八、阿联酋

阿联酋是一个主要鱼翅出口国和区域贸易国，其国内市场极小，鲨鱼捕捞量较低。其鱼翅出口量在全球排第八。几乎全部出口干燥鱼翅，售往中国香港（图3-35）。它不对鱼翅贸易进行报告，出口主要是通过进口国的统计来进行估计。阿联酋2000—2011年每年的鱼翅出口量约为482 t，出口额1 430万美元。由于缺少数据，阿联酋从其他地区进口了多少鱼翅是未知的，尽管进口量和产量之间巨大的差异说明该国在从本区其他国家进口了未报告产品。自20世纪90年代末有记录以来，阿联酋的鱼翅出口量基本保持稳定。

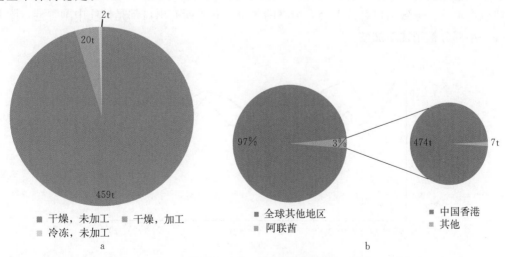

■ 干燥，未加工　■ 干燥，加工
■ 冷冻，未加工
a

■ 全球其他地区
■ 阿联酋
b

■ 中国香港
■ 其他

图3-35　2000—2011年（平均）阿联酋的鱼翅贸易情况（估算）
a. 出口类型　b. 出口主要目的地

（一）概况

如西班牙一样，阿联酋是一个重要的未加工鱼翅出口国，其本国市场很小，可以忽略不计。2000—2009 年，阿联酋平均每年出口的鱼翅占全球出口总量的 3%（482 t），占总额的 5%（1 430 万美元），单价为 29.7 美元/kg（图 3-36）。不过，阿联酋的鲨鱼、鳐和魟捕捞量相对较低，2000—2011 年每年只有 2 073 t，占全球总量的 1% 不到，在官方统计报告中位列全球第 49 位。即使按照鱼翅和鲨鱼胴体的比重，出口量和捕捞量之间的差异依旧巨大，这说明捕捞量被显著低估，或者阿联酋在从其他国家进口鱼翅，之后再出口。这种差异可能是两个因素共同的结果，有证据显示运往阿联酋的一般鱼翅来自阿曼、伊朗等中东国家以及非洲各国。由于阿联酋有更好的贸易基础设施，方便贸易，在东亚和东南亚有合作伙伴关系，所以这些鱼翅在出口东亚的主要市场前，先运往阿联酋。

（二）贸易记录

阿联酋不向 FAO 报告每年的鱼翅贸易总量和总额，且官方贸易统计中也没有对鱼翅的特定商品编码。所以，对其出口的评估是通过查看主要进口国或地区（加拿大、中国、印度尼西亚、马来西亚、新加坡和美国）的记录来完成的。对于阿联酋的其他贸易伙伴，由于缺少数据，以及阿联酋自身的数据缺陷，想完成细节统计是完全不可能的。考虑到干鱼翅和整只鲨鱼的换算比例为 2.3%，阿联酋 2000—2011 年报告的鲨鱼、鳐和魟捕捞量只占其总出口量的约 10%，这说明数据有显著的缺陷。

（三）出口

基于上面提到的贸易伙伴提供的出口记录，阿联酋 2010 年以前的鱼翅出口相对稳定，平均每年 484 t（1 640 万美元），2011 年和 2012 年开始下降。2012 年为出口量 305 t，出口额 1 310 万美元。相比 2000 年出口量下降了 44%，出口额下降了 42%（图 3-36）。2000—2012 年的鱼翅出口平均单价为 34.5 美元/kg，2000—2004 年从 41.2 美元/kg 下降到了 24.6 美元/kg，2012 年稳步回升到 42.8 美元/kg（图 3-37）。由于干燥鱼翅只有很少或没有水分，导致出口总体上会有很高的单价。几乎所有出口都是销往中国香港，除此之外一小部分被销往新加坡。

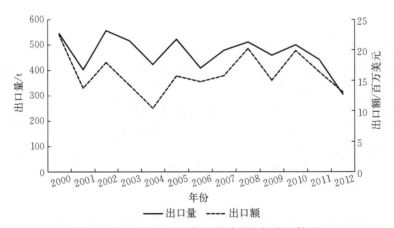

图 3-36　2000—2012 年阿联酋的鱼翅出口情况

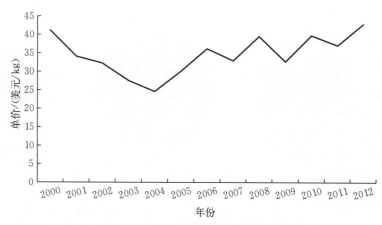

图 3 - 37　2000—2012 年阿联酋干燥鱼翅出口单价

使用等效估计法得出，阿联酋进口的鱼翅非常少。不过，需要再次强调的是，最可能的来源（本区其他生产国）在贸易记录中并不专门区分鱼翅。

（四）国内市场

鱼翅出口贸易在 20 世纪 80 年代之后便是阿联酋重要的经济组成。不过，阿联酋的国内鱼翅利用可以忽略，尽管大部分鲨鱼是带着鳍整体上岸，并在销售环节割鳍。除了小型鲨鱼和犁头鳐的有限市场，软骨鱼类在阿联酋作为食物通常被认为价值较低（Moore，2012）。

九、加拿大

根据报告统计，加拿大是亚洲之外最大的鱼翅进口国，位列全球第 11 位。加拿大主要进口高价值的冷冻和干燥鱼翅，大部分是加工后产品。2000—2011 年，加拿大平均每年进口鱼翅 106 t，进口额 560 万美元。2012 年以前，加拿大一直采用干燥和冷冻鱼翅两个商品分类，两个类型都按照单一的非特定方式来分类。

（一）概况

加拿大是亚洲以外最大的鱼翅进口国，供应国内市场的华人消费，华人占加拿大总人口的 4%。加拿大 2002 年开始向 FAO 报告专门的鱼翅贸易统计数字。2002—2011 年，加拿大平均每年进口鱼翅 106 t，占全球总量的 0.6%（图 3 - 38）。虽然这个比例相对世界上一些主要的进口国来说很小，但每年平均进口 560 万美元，占全球的 1.5%，这使得加拿大进口额位列第四。高达 53.1 美元/kg 的单价说明市场倾向于更昂贵的传统精制整只鱼翅而非罐装或其他低端产品。贸易报告显示，2012 年之前没有鱼翅出口，引进新的 HS 编码之后，海关才报告了 69 t（75 万美元）的出口。

（二）贸易报告

2002—2011 年，加拿大按照两个商品编码报告鱼翅进口，即"冷冻"和"干燥，腌制或熏制"。虽然没有明确说明，但这些应该是加工鱼翅。2012 年，加拿大引进了一套新的鱼翅 6 位编码，省去了两个分类，只按照 6 位集成分类来发布数据。新的报告系统中同一个标准编码下可能包含非集成（6 位以上）商品分类。报告政策改变的原因尚不清楚，特别是考虑到新系统并不能提升鱼翅贸易统计的集成性。除此之外，这种集成还有一个不

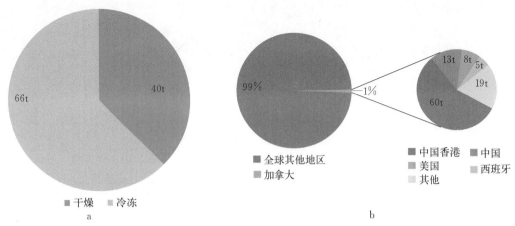

图 3 - 38　2000—2011 年（平均）加拿大的鱼翅贸易情况
a. 进口类型　b. 进口主要来源

好的结果，就是无法区分干燥和冷冻鱼翅，继而无法评估贸易材料的准确数量。由于 2012 年报告数据相比 2000—2011 年要更加不确定，2012 年单独处理。

（三）进口

2002—2011 年，加拿大的鱼翅进口主要是冷冻鱼翅，平均每年 66 t，占总量（106 t）的 66%。不过，冷冻鱼翅中的水分会增加产品重量。所以，干燥鱼翅占了总额的大头，平均每年 530 万美元，占总额的 94%。2002—2005 年锐减之后，干燥鱼翅的进口维持相对稳定到 2011 年，而冷冻鱼翅进口则在增长，2011 年的进口额比 2002 年高出了 683%，总量上高出 314%（图 3 - 39）。2002—2011 年的年平均数据显示，加拿大鱼翅进口的前三大来源分别是中国香港、中国内地和西班牙。其中，中国香港自有记录以来一直是加拿大最大的贸易伙伴，2000—2011 年占了每年进口总额的 34%（190 万美元），总量的 50%（57 t）。不过，来自中国香港的进口开始下降，2011 年加拿大从中国香港只进口了 39 t，价值 36 万美元。同时，从西班牙进口的干燥鱼翅，如报告所述，单价极高值得注意，2005—2011 年平均每年进口 7 t，总价值 180 万美元，单价高达 257 美元/kg。尚不清楚为什么来自西班牙的鱼翅加拿大进口商会给这么高的价格，尤其是西班牙并不进行加工鱼翅的贸易。

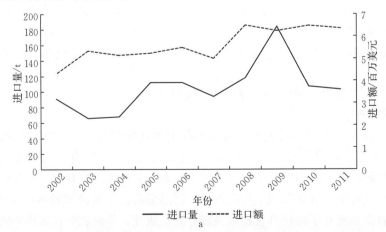

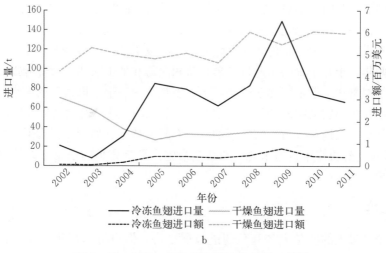

图 3-39　2000—2011 年加拿大鱼翅进口情况

a. 总进口　　b. 各类型鱼翅进口

2012 年，加拿大报告了 106 t 单一编码的鱼翅，2011 年则为 103 t。不过，进口额从 2011 年的 640 万美元降到 2012 年的 230 万美元，单价下降 65% 至 21.8 美元/kg（图 3-40）。这或许说明进口组成向更多低价值鱼翅转变，但这更可能是因为新的编码系统导致报告调整或出现错误。

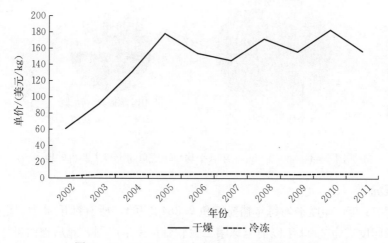

图 3-40　2000—2011 年加拿大的鱼翅进口单价

（四）国内贸易

加拿大国内没有大量的鱼翅加工，所以国内的消费量约等于进口数量。加拿大的两个最大供应商是中国香港和中国内地，都是加工鱼翅的主要来源。不过，2005 年之后，不列颠哥伦比亚省平均每年从西班牙进口 4%～9% 的干燥鱼翅。如果这些鱼翅是未加工，就说明加拿大有针对国内市场的鱼翅加工能力，国内捕获并加工鲨鱼产品以弥补鱼翅进口的不足。这个问题还没有进一步的信息可寻。

2011 年，加拿大干燥鱼翅进口的 60% 输往不列颠哥伦比亚，40% 输往安大略，很小一部分输往魁北克和阿尔伯塔。而冷冻鱼翅的 94% 输往安大略，2%～4% 输往不列颠哥伦比亚和阿尔伯塔，输往魁北克和纽芬兰的可以忽略。在过去 10 年里，加拿大 3 个人口最多的省（安大略、不列颠哥伦比亚和魁北克）吸收了 95% 的鱼翅进口。

在过去两年，十几个直辖市通过了禁止鱼翅交易和加工法律。大部分提供鱼翅的餐厅在大城市，如温哥华、里士满和多伦多，多伦多是其中一个采取禁令的城市，但大部分采取禁令的城市在鱼翅贸易中的地位并不重要。2012 年 12 月，安大略的高级法院推翻了多伦多的鱼翅禁令，当地正致力于实施新的范围有限的禁令（如禁止买卖但不禁止消费或加工）。卡尔加里已经决定不再追求统一的禁令措施。没有充足的信息来评估这些禁令对鱼翅进口的影响。

十、印度

印度是全球最大的鲨鱼生产和鱼翅进口国之一，但自身市场很小几乎没有。2000—2011 年，印度是全球第二大鲨鱼生产国和第 12 大鱼翅出口国。2000—2011 年，印度平均每年出口鱼翅 185 t，出口额 650 万美元。印度出口的主要是干燥鱼翅，输往中国香港（图 3-41）。印度只按照干燥鱼翅来记录出口贸易，而进口伙伴的记录显示印度冷冻鱼翅的出口很小。贸易统计显示，2000—2012 年，印度鱼翅出口总量有显著下降，但出口单价稳固上升。

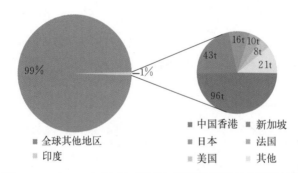

图 3-41　2000—2011 年（平均）印度鱼翅出口主要目的地

（一）概况

2000—2011 年，印度平均每年捕捞鲨鱼 7.384 2 万 t，所有都记录为"鲨鱼、鳐和魟等"，这使得印度成为 2009 年以前全球第二大软骨鱼类生产国，此后被西班牙取代。印度国内基本没有鱼翅市场，但历史上曾是重要的消费国。虽然出口量同期大幅减小，但产量基本稳定。印度主要向东亚出口干燥鱼翅。2000—2009 年的平均数据显示，印度每年出口鱼翅 185 t，占全球总量的 1.1%，而出口额为 650 万美元，占全球的 2.4%。平均出口单价为 35.1 美元/kg，接近阿拉伯国家，出口单价稳定增长。

（二）贸易记录

2000 年后，印度只按照一个分类来记录鱼翅贸易，即"野生利用鱼翅"。鱼翅是干燥还是冷冻，加工还是未加工，均没有可参考的信息，这使得很难从官方统计中评估出原材料比例。不过，通过检查主要贸易伙伴的进口数据发现，印度的出口几乎都是干燥鱼翅。

考虑到印度的气候以及鲨鱼捕捞船的技术含量较低，可以推断渔民和贸易商会在出口前选择将鱼翅晒干而非冷冻。另外，中国香港的进口鱼翅中约 20% 来自印度，分类为"干燥，加工"，说明一部分产品登岸时就已经加工过。中国、美国、加拿大和印度尼西亚从印度进口的数据显示，印度的鱼翅出口量低报了约 50%。印度的鱼翅出口如果基于捕捞量来计算，可能比报告的高出 2.2 倍；如果用中国香港的进口数据来计算，则高出 5.2 倍（Hausfather，2004）。

（三）出口

根据官方统计，印度鱼翅出口的两个主要目的地是中国香港和新加坡。2000—2012年，对中国香港的出口量占总量的 51%（98 t），总额的 66%（460 万美元）。对于新加坡，相应的比例为 21%（40 t）和 19%（130 万美元）。不过，2000—2012 年对这两个地区的出口显著下降。包括所有目的地，2012 年印度鱼翅的出口相比 2000 年下降了 65%（图 3-42）。相反的，2012 年的出口额为 1 310 万美元，比 2000 年高出 45%。这是因为出口单价大幅提升，2009 年的价格达到为 112 美元/kg，比 2000 年高出 5 倍。此后缓慢下降到 2012 年的 78.2 美元/kg（图 3-43）。虽然对这种变化有多种解释，但最有可能的是印度加工鱼翅的出口在增加，虽然出口数量减少了，但价值在增加。

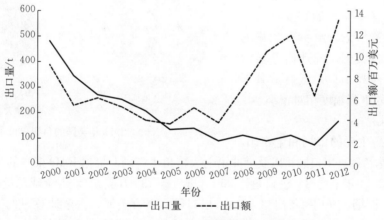

图 3-42　2000—2012 年印度干燥鱼翅出口情况

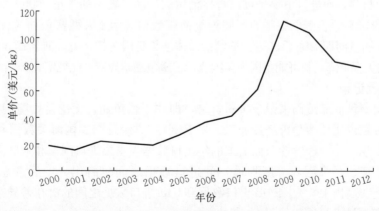

图 3-43　2000—2012 年印度干燥鱼翅出口单价

（四）国内贸易和市场

此前的研究显示，虽然印度有少量市场向有中国客人的大型酒店供货，但大部分鱼翅产品都用于出口，通常是干燥未加工产品（Hausfather，2004；Verlecar et al.，2007）。通过互联网搜索，可以找到印度各地许多提供鱼翅加工产品的公司。金奈和孟买是出口鱼翅的集散地，这些鱼翅从东海岸和西海岸的上岸点收集而来。2009 年，报告的鱼翅价格为小型翅 72 美元/kg，中型翅 93 美元/kg，大型翅 145 美元/kg，而鲨鱼牙齿售价为 21 美元/kg，鳐和虹鳃耙售价为 10 美元/kg（Mohanraj et al.，2009）。

2013 年 8 月，印度发布了一项新政，在港口上岸的鲨鱼必须自然携带鱼翅。不过，禁令不包括大部分印度鲨鱼上岸的安达曼群岛（Vivekanandan，2001）。所以，可以推测新的割鳍禁令不会对印度鱼翅生产和贸易产生较大影响。

十一、美国

美国是一个重要的鲨鱼进口国，也是相对较大的鱼翅出口国和较小的鱼翅进口国，主要向中国出口未加工原材料（图 3 - 44）。美国是全球第七大鲨鱼生产国，捕捞组成在向小型种类、鳐类转移。2000—2011 年，平均每年出口鱼翅 171 t，出口额 340 万美元。只有干燥鱼翅贸易，但主要进口国的贸易记录显示有大量的冷冻鱼翅来自美国。统计信息显示 2003 年以来鱼翅出口总量有显著下降，出口额的下降幅度相对较小。

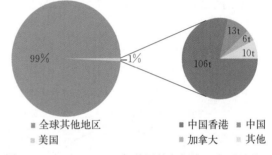

图 3 - 44　2000—2011 年美国的鱼翅出口主要目的地

（一）概况

虽然不是主要的市场和生产国，但美国仍然是鱼翅进出口国，以及全球第七大鲨鱼生产国。根据 FAO 报告的官方统计，美国在 2000—2011 年平均每年进口鱼翅 36 t（进口额 130 万美元），占全球总量的 0.2%，总额的 0.3%。同期，平均每年出口 171 t，出口额 340 万美元，占全球总量的 1% 和总额的 1.3%（图 3 - 45）。出口平均单价 20 美元/kg，进口为 35 美元/kg（图 3 - 46）。出口应该主要是未加工原材料，而进口主要是可以直接消费的产品。鲨鱼的产量 2000—2011 年增长了 27%，达到 39 331 t，但美国编制的不同种类捕捞数据显示，大型鲨鱼种（灰鲭鲨、真鲨、双髻鲨）的捕捞量同期下降了 80%。捕获量总体增长是因为鳐、虹、狗鲨而非大型种。2003 年的鱼翅出口大幅下降，很可能是因为美国执行了鲨鱼割鳍规定，此规定 2002 年 2 月生效。

（二）贸易记录

美国只用一种商品编码来记录鱼翅贸易，即"干燥鱼翅，无论是否腌制或熏制"。没有参考资料可以说明鱼翅是否经过加工。将 FAO 官方统计与美国海关数据和其他信息进行对比可以发现一些不连续性，而美国的年出口数据与主要进口国家和地区（加拿大、中国、印度尼西亚、马来西亚、新加坡）的进口数据之间也有出入，后者总量上要高出 71%，总额上要高出 186%（FOB 出口数据和 CIF 进口数据之间的潜在差异需要谨记，虽然不太可能存在量级差异）。

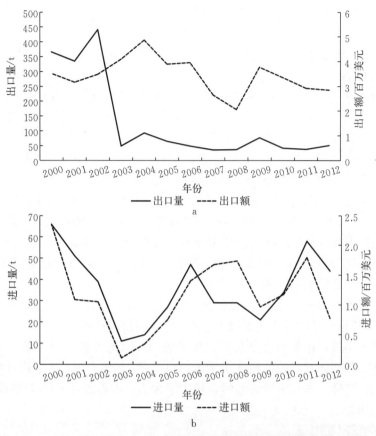

图 3 - 45　2000—2012 年美国干燥鱼翅进出口情况

a. 出口情况　b. 进口情况

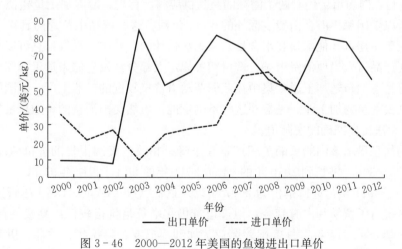

图 3 - 46　2000—2012 年美国的鱼翅进出口单价

　　通过主要出口国家和地区（中国、印度、印度尼西亚、马来西亚、新加坡和泰国）的数据推算，美国的进口量比官方数据高出 7 倍，进口额高出 3 倍。不过，值得一提的是这种巨大的差异主要是来自泰国输往美国的"精制或备用"鱼翅出口，泰国海关 2007 年开始记录，而美国官方似乎没有将其记录为鱼翅。进一步审查中国香港的贸易数据也会发现有输往美国的出口和来自美国的进口冷冻鱼翅，尽管美国将它们记录为干燥鱼翅。和很多其他地区一样，贸易伙伴在鱼翅商品编码和描述方面的不兼容，很可能是造成这种差异的主要原因。

(三) 进口和出口

根据美国的官方统计，2012 年的鱼翅出口总量为 51 t，相比 2000 年下降了 86%。根据美国官方报告，同期总额也下降了 19%。2000—2012 年的鱼翅总出口的 79%（102 t）输往中国香港，占总额的 82%（280 万美元）。

不过，贸易伙伴的进口评估结果显示，2000—2011 年美国的鱼翅出口总量下降了 49%，总额下降了 64%。对中国香港的出口占了总量的 64%，总额的 94%。其中，"冷冻，未加工"鱼翅占了总量的 46%，总额的 78%。从美国输往中国香港的鱼翅组成有显著变化，"干燥，未加工"的比例稳步提高，"冷冻，未加工"的比例在下降。

根据美国的贸易统计，2000—2012 年平均每年鱼翅的进口量为 36 t，进口额 120 万美元，主要来自中国香港（总量的 26% 和总额的 7%）、中国内地（总量的 19% 和总额的 20%）和新西兰（总量的 12% 和总额的 49%）。

不过，贸易伙伴的出口总和显示这些数据可能低估了美国鱼翅进口的实际量，其中泰国 2007—2012 年报告平均每年向美国出口 431 t "精制或备用"鱼翅，超过美国同期报告进口量的两倍。不过，这很可能是袋装或罐装鱼翅，因此可能包含大量不是鲨鱼翅的原料。泰国之外，其他国家和地区输往美国的出口总量 2000—2011 年平均每年 62 t，出口额 300 万美元。同样，来自中国香港的鱼翅占了大头，占总量的 69%，总额的 91%，主要是"冷冻，未加工"鱼翅。

(四) 国内贸易和市场

美国干燥鱼翅的进口大部分是用于消费的加工鱼翅。虽然国内消费和进口数据一样高（约每年 36 t），国内市场仍有两个潜在的鱼翅供应源。首先，冷冻加工鱼翅似乎不会记录为鱼翅，所以美国每年潜在消费了额外的 430 t 鱼翅。这些产品中鱼翅的真正含量（如真正鱼翅和人工鱼翅，其他配料和水含量）是无法估计的。其次，没有信息可以弄清楚是否有国内鱼翅产品流入当地消费市场。鲨鱼相关规定大部分涉及仓储未加工鱼翅而非工程加工鱼翅，再考虑到鱼翅加工通常集中在亚洲劳动力价格较低的专业工厂，美国国内似乎并没有很大规模的鱼翅加工业。考虑到这些不确定性，虽然美国消费的鱼翅总量每年应该有几百 t，但无法得出准确的实际值。

美国的信息显示该国船只的鱼翅产量在下降。相反，美国报告的进口鱼翅从 2007—2009 年的 20~30 t，增长到 2010 年的 34 t，2011 年的 58 t，2012 年的 44 t，2013 年 1—11 月的 54 t。2011 年，进口单价为 2007 年以来最低（NOAA，2013）。尽管这段时期一些州和地区实行了贸易和占有禁令，但进口量仍在增长且价格较低。夏威夷首先在 2010 年 7 月实施禁令，2014 年 1 月美国萨摩亚、加利福尼亚、特拉华、关岛、伊利诺伊、马里兰、纽约、北马里亚纳群岛、俄勒冈和华盛顿也随后跟进。2013 年（到 11 月），美国所有的鱼翅进口中有 93% 在洛杉矶关税区流转。

美国的鱼翅出口数据显示大部分是从得克萨斯（加尔维斯顿、休斯敦或达拉斯、沃斯堡关税区）、洛杉矶或纽约流出，主要输往中国香港。这些区域可能是或曾经是东部海湾和西部沿海上岸的鱼翅合并中心。加利福尼亚和纽约的贸易和占有禁令对出口合并业务的影响尚不得知。

十二、哥斯达黎加

哥斯达黎加是一个重要的鱼翅出口国和区域内重要的鱼翅贸易中心。在经历了数年的下降之后，哥斯达黎加国内的鲨鱼产量相对较低，在全球排第28。中国香港是哥斯达黎加鱼翅出口的主要目的地（图3-47）。哥斯达黎加海关只按照一种编码来记录鱼翅贸易，不涉及加工程度以及鱼翅是冷冻还是干燥。哥斯达黎加报告的出口数据和通过其区域主要贸易伙伴的进口评估数据之间存在巨大差异。2000—2011年，哥斯达黎加平均每年出口鱼翅67 t，出口额190万美元。根据贸易伙伴的评估，哥斯达黎加每年出口鱼翅668 t，出口额890万美元。

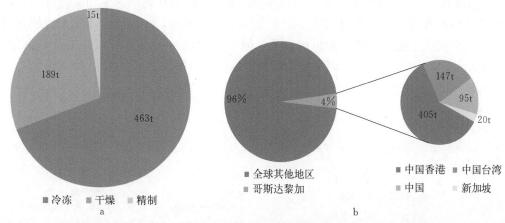

图3-47 2000—2011年（平均）哥斯达黎加的鱼翅贸易情况（估算）
a. 出口类型 b. 出口主要目的地

（一）概况

哥斯达黎加鱼翅产量和贸易的可靠详细信息难以获得。不过，有信息显示外国远洋渔船会在哥斯达黎加的私人码头上岸新鲜鱼翅，这些鱼翅之后会运往东亚地区。哥斯达黎加自身没有大的市场，2000—2011年每年的鲨鱼捕捞量低至6 450 t，不包括外国船只在哥斯达黎加水域的渔获。从2000年的1.290 1万t到2011年的3 635 t，下降了72%。虽然根据FAO报告这些捕捞量提供了67 t的鱼翅出口，但从哥斯达黎加进口鱼翅的主要国家和地区的数据显示哥斯达黎加官方出口数据可能无法反映其鱼翅出口的真正水平。根据贸易伙伴数据，2000—2011年，哥斯达黎加平均每年出口鱼翅668 t，几乎是官方数据的10倍。同样的，FAO的数据表明每年的鱼翅出口额为190万美元，而贸易伙伴的评估结果为每年890万美元（使用贸易伙伴数据时，CIF进口额和FOB出口额之间的潜在差异应当注意）。如果评估数据是准确的，哥斯达黎加同期的鱼翅出口量在全球位列第8，出口额位列第7。

（二）贸易记录

2003—2012年，哥斯达黎加只用一种商品编码来记录鱼翅贸易，即"腌制鱼翅"。该编码2012年被标准的鱼翅HS编码取代（030571）。鱼翅是冷冻还是干燥，是否加工过无从知。不过，哥斯达黎加主要贸易伙伴的进口数据显示，哥斯达黎加出口总量的约60%是冷冻鱼翅。哥斯达黎加官方按照这些编码记录的数量和价值通常要比贸易伙伴的报告数据低很多。

（三）出口

在哥斯达黎加鱼翅主要出口市场中，中国香港、中国台湾、中国内地（大陆）和新加坡在 2000—2011 年占了出口总量和总额的 100%。中国香港是最重要的出口目的地，平均每年占总量的 61%（405 t），占总额的 86%（770 万美元）。哥斯达黎加出口中国香港的鱼翅是干燥、冷冻和未加工鱼翅的混合。干燥鱼翅同期占总量的 22%，占总额的 59%；而冷冻产品则占总量的 78%，总额的 40%。干燥产品的单价为 52 美元/kg，冷冻产品单价为 9.8 美元，说明即便考虑含水量，以冷冻形式出口的原材料通常价值较低（图 3-48）。哥斯达黎加出口中国香港在 2003 年达到 957 t 的峰值，2011 年下降到 252 t。同期每年出口中国台湾的鱼翅占总量的 22%（147 t），只包含冷冻鱼翅，但单价较低，只有 2.1 美元/kg，占总额的 3%（29.66 万美元）。中国内地 2004 年以前从哥斯达黎加少量进口鱼翅，但 2005—2009 年平均每年达到 216 t，之后又降到零。不过，中国内地不记录冷冻鱼翅。另外，虽然中国内地只记录干燥鱼翅贸易，但中国内地从哥斯达黎加的进口单价很低（4.4 美元/kg）。2000—2004 年新加坡从哥斯达黎加平均每年进口 60 t（140 万美元）"精制或备用"鱼翅，2004 年后便没有进口记录（图 3-48 和图 3-49）。

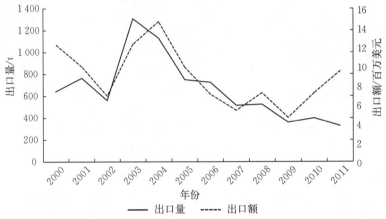

图 3-48　2000—2011 年哥斯达黎加的鱼翅出口情况

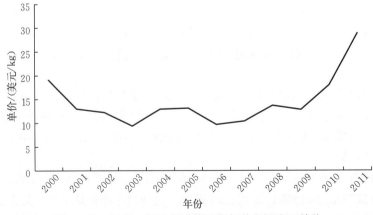

图 3-49　2000—2011 年哥斯达黎加的鱼翅出口单价

第四节　鲨鱼肉（包括鳐和魟）

自 1976 年以来，全球鲨鱼肉的贸易量和贸易额呈整体上升趋势（图 3-50）。表 3-6、表 3-7、表 3-8 和表 3-9 为 2000—2011 年全球鲨鱼肉的出口和进口概况。

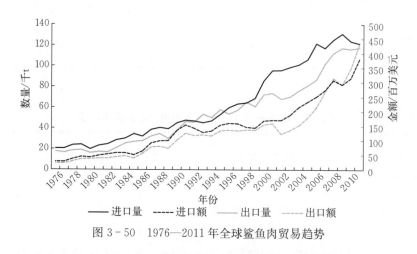

图 3-50　1976—2011 年全球鲨鱼肉贸易趋势

表 3-6　2000—2011 年全球主要市场鲨鱼肉出口量

国家和	出口量/t													占比	排名
地区	2000	2001	2002	2003	2004	2005	2006	2007	2008	2009	2010	2011	平均		
中国台湾	4 422	6 687	6 525	7 584	11 266	13 762	17 261	20 655	21 772	25 946	27 151	26 392	15 785	0.17	1
西班牙	16 539	12 377	11 647	11 560	11 767	14 044	15 022	17 604	16 590	17 197	18 427	21 517	15 358	0.17	2
乌拉圭	295	326	778	940	1 013	1 411	4 102	7 975	12 048	17 423	15 629	11 417	6 113	0.07	3
阿根廷	309	436	341	579	660	733	737	11 370	13 259	8 427	9 532	10 065	4 704	0.05	4
日本	3 576	3 258	3 716	4 087	4 841	5 339	4 143	3 612	4 700	5 399	5 467	5 073	4 434	0.05	5
哥斯达黎加	3 858	7 658	6 593	5 757	4 104	5 090	3 587	2 429	4 301	1 850	1 583	1 600	4 034	0.04	6
巴拿马	4 450	7 462	5 859	3 714	4 899	5 353	3 433	2 660	3 523	5 190	562	346	3 954	0.04	7
美国	6 319	3 669	4 068	3 011	2 367	2 491	3 059	3 845	6 934	2 786	3 396	4 390	3 861	0.04	8
新西兰	3 926	3 203	3 928	3 492	2 823	3 835	3 942	4 239	3 182	3 359	4 872	3 561	3 697	0.04	9
英国	4 470	6 317	5 227	4 796	4 597	3 759	1 798	1 234	783	844	678	780	2 940	0.03	10
加拿大	3 123	4 446	4 594	4 197	4 142	3 197	3 716	2 676	2 000	1 505	947	471	2 918	0.03	11
智利	560	945	442	5 351	3 031	2 951	2 765	3 670	2 325	1 810	1 851	1 734	2 286	0.03	12
新加坡	1 671	1 415	975	1 433	2 474	1 622	1 269	828	3 648	3 820	3 066	4 188	2 201	0.02	13
葡萄牙	1 827	1 942	2 016	1 441	1 593	1 697	2 215	2 179	1 197	2 096	3 063	3 560	2 069	0.02	14
纳米比亚	213	271	459	266	48	1 526	2 314	2 744	1 803	2 368	3 333	3 314	1 555	0.02	15
爱尔兰	3 424	328	394	261	3 793	1 554	4 279	1 676	1 944	147	123	30	1 496	0.02	16
法国	1 164	1 428	1 408	1 502	1 048	1 014	1 043	1 779	1 251	1 498	1 436	1 553	1 344	0.01	17

（续）

国家和地区	出口量/t													占比	排名
	2000	2001	2002	2003	2004	2005	2006	2007	2008	2009	2010	2011	平均		
印度尼西亚	147	28	36	513	244	1 209	1 893	1 657	1 804	1 425	1 915	1 367	1 020	0.01	18
挪威	1 761	1 709	1 235	1 139	1 119	1 095	837	716	807	685	664	371	1 012	0.01	19
南非	454	346	406	448	1 081	1 359	1 126	894	1 154	1 822	1 172	1 039	942	0.01	20
其他	9 806	9 500	7 613	8 164	9 199	8 056	8 161	7 332	7 388	11 751	11 389	14 909	9 439	0.10	
总计	72 314	73 751	68 260	70 235	76 109	81 097	86 702	101 774	112 413	117 348	116 256	117 677	91 161	1.00	

资料来源：FAO，2013。

表 3-7　2000—2011 年全球主要市场鲨鱼肉出口额

国家和地区	出口额/千美元													占比	排名
	2000	2001	2002	2003	2004	2005	2006	2007	2008	2009	2010	2011	平均		
西班牙	42 675	37 229	17 196	18 162	25 059	35 842	64 771	80 019	76 582	67 764	88 007	127 162	56 706	0.25	1
中国台湾	5 043	8 337	7 801	9 406	11 151	14 970	18 196	22 330	24 896	28 848	37 987	40 947	19 159	0.08	2
新加坡	5 214	3 777	2 222	4 087	3 766	2 781	2 291	2 710	33 308	27 750	36 934	63 010	15 654	0.07	3
新西兰	8 194	7 885	9 167	10 953	12 050	14 449	14 397	17 388	15 095	15 997	21 704	18 932	13 851	0.06	4
乌拉圭	516	345	652	513	1 026	1 972	7 150	16 409	26 706	34 264	38 395	32 610	13 380	0.06	5
美国	16 643	9 892	9 056	7 173	5 922	6 617	8 258	12 320	17 311	10 402	13 016	16 863	11 123	0.05	6
阿根廷	2 507	4 487	676	1 274	1 291	1 731	1 884	23 807	33 843	14 663	21 102	23 039	10 859	0.05	7
加拿大	6 545	9 805	9 108	11 169	13 907	12 291	11 741	10 047	5 981	7 131	4 555	2 458	8 728	0.04	8
日本	8 893	8 704	6 425	5 808	6 841	8 213	7 595	5 231	6 228	6 614	8 604	8 502	7 305	0.03	9
法国	4 627	5 990	6 010	6 914	6 083	5 778	6 475	9 137	8 506	9 247	9 846	10 575	7 432	0.03	10
巴拿马	4 186	8 760	6 482	5 017	9 239	11 545	6 672	4 898	7 458	9 625	681	644	6 267	0.03	11
英国	7 677	9 853	8 381	8 009	8 157	6 242	5 100	4 779	2 543	2 316	2 020	3 599	5 723	0.02	12
葡萄牙	3 421	4 011	3 326	2 355	3 640	4 713	5 931	5 660	4 445	5 854	12 540	14 670	5 881	0.03	13
智利	907	1 670	593	10 360	6 158	7 299	7 688	10 616	7 284	5 241	5 870	6 340	5 836	0.03	14
哥斯达黎加	4 573	11 390	6 905	6 432	6 397	7 150	4 675	3 887	6 233	2 348	1 235	2 747	5 331	0.02	15
中国	3 069	4 987	5 656	3 301	1 516	970	1 145	425	763	3 159	4 207	16 943	3 845	0.02	16
丹麦	4 307	4 275	4 186	4 697	5 013	4 775	4 328	3 263	3 414	2 597	2 402	1 603	3 738	0.02	17
荷兰	6 150	1 883	1 575	1 743	2 327	1 429	1 843	2 969	2 877	2 590	2 793	2 897	2 590	0.01	18
纳米比亚	214	87	643	157	53	2 950	2 509	4 370	2 754	5 540	7 198	6 928	2 784	0.01	19
挪威	2 854	2 770	2 236	2 473	2 860	3 082	2 608	2 615	2 465	1 868	2 169	1 309	2 442	0.01	20
其他	16 324	13 100	13 968	14 996	19 562	23 851	28 862	23 929	25 596	27 987	26 415	30 871	22 122	0.10	
总计	154 539	159 237	122 264	134 999	152 018	178 650	214 119	266 809	314 288	291 805	347 680	432 649	230 755	1.00	

资料来源：FAO，2013。

表 3-8 2000—2011 年全球主要市场鲨鱼肉进口量

国家和	进口量/t													占比	排名
地区	2000	2001	2002	2003	2004	2005	2006	2007	2008	2009	2010	2011	平均		
韩国	16 982	16 617	20 081	25 020	21 870	23 124	24 468	24 663	20 436	21 063	20 479	19 812	21 218	0.19	1
西班牙	13 913	16 324	17 409	16 187	17 503	16 220	14 084	13 768	10 996	12 047	11 505	15 477	14 619	0.13	2
意大利	13 708	13 219	11 322	9 448	10 440	12 757	13 059	11 881	10 450	10 206	9 369	10 043	11 325	0.10	3
巴西	2 621	3 484	4 650	5 498	9 010	10 256	12 245	11 816	18 439	22 147	19 769	21 067	11 750	0.11	4
乌拉圭	262	108	61	90	333	1 105	6 076	13 191	18 331	21 716	20 642	13 223	7 928	0.07	5
墨西哥	2 416	7 041	7 452	10 825	7 704	7 986	7 177	5 838	5 643	3 546	3 721	3 222	6 048	0.05	6
中国	3 953	2 801	5 198	4 713	5 135	5 391	4 848	5 575	6 725	5 666	4 537	4 335	4 906	0.04	7
法国	4 613	4 776	4 499	4 655	3 308	3 350	3 603	3 581	3 243	3 825	3 504	3 369	3 861	0.04	8
新加坡	1 550	1 901	1 658	2 059	2 785	1 941	1 312	1 002	3 685	3 943	3 304	5 556	2 558	0.02	9
尼日利亚	355	1 700	1 443	35	1	—	12 788	2 922	3 231	—		4	2 498	0.02	10
英国	2 084	2 571	2 469	2 167	2 538	1 789	1 490	1 999	1 634	2 176	2 511	2 135	2 130	0.02	11
葡萄牙	2 068	1 772	2 251	1 810	2 041	2 402	3 011	2 358	1 788	2 668	1 359	1 940	2 122	0.02	12
中国台湾	3 178	1 716	82	388	263	501	363	1 089	3 528	3 629	4 659	2 778	1 848	0.02	13
秘鲁	58	26	224	1 245	1 109	955	1 204	2 579	2 875	2 910	4 716	4 298	1 850	0.02	14
哥斯达黎加	168	1 891	588	1 636	2 227	1 237	1 748	1 411	1 663	3 352	900	1 866	1 557	0.01	15
希腊	2 179	2 168	1 613	1 671	1 790	1 261	1 651	852	838	902	924	1 024	1 406	0.01	16
美国	2 362	2 573	2 127	944	1 297	1 075	1 524	1 354	1 094	431	165	175	1 260	0.01	17
丹麦	1 582	1 697	1 338	1 282	1 206	1 084	1 025	581	605	536	552	302	983	0.01	18
日本	1 443	885	1 199	1 391	1 116	1 193	944	935	951	617	565	447	974	0.01	19
越南	—	57	—	—	13	66	92	2 395	1 111	900	2 098	2 170	989	0.01	20
其他	10 215	12 241	10 037	7 654	9 491	12 502	8 989	7 513	8 067	8 803	8 542	8 398	9 371	0.08	
总计	85 710	95 568	95 701	98 718	101 180	106 195	121 701	117 303	125 333	131 083	123 821	121 641	110 330	1.00	

资料来源：FAO，2013。

表 3-9 2000—2011 年全球主要市场鲨鱼肉进口额

国家和	进口额/千美元													占比	排名
地区	2000	2001	2002	2003	2004	2005	2006	2007	2008	2009	2010	2011	平均		
韩国	26 200	25 123	29 949	41 293	35 849	43 539	50 176	65 159	61 476	52 238	57 136	64 917	46 088	0.19	1
意大利	35 091	34 028	26 757	24 924	30 493	35 431	40 535	38 187	34 155	34 383	33 174	39 327	33 874	0.14	2
西班牙	23 880	30 616	30 387	33 766	41 940	35 039	30 359	32 030	27 670	25 770	30 889	42 712	32 088	0.13	3
巴西	2 502	3 002	3 428	3 422	6 661	8 880	14 836	20 556	34 851	39 861	44 745	49 267	19 334	0.08	4
日本	17 677	9 807	11 975	16 524	19 622	23 981	18 275	19 652	19 530	14 206	12 882	17 254	16 782	0.07	5
新加坡	3 077	3 858	2 640	2 187	3 073	2 831	1 691	2 781	28 390	26 399	34 511	69 431	15 072	0.06	6
法国	10 824	10 346	11 366	13 240	11 408	12 331	13 244	12 519	12 007	13 531	12 755	13 446	12 251	0.05	7

（续）

国家和地区	进口额/千美元													占比	排名
	2000	2001	2002	2003	2004	2005	2006	2007	2008	2009	2010	2011	平均		
中国	10 030	7 968	13 490	11 757	12 516	10 192	10 931	12 172	14 985	12 123	10 098	11 106	11 447	0.05	8
墨西哥	2 565	7 202	8 828	11 886	10 557	13 234	12 148	10 001	10 486	6 356	7 467	5 875	8 884	0.04	9
乌拉圭	183	70	32	50	183	698	4 874	13 045	19 382	20 967	24 837	19 853	8 681	0.04	10
英国	4 357	5 156	4 928	4 810	10 761	5 657	4 627	5 777	4 715	6 011	7 231	6 405	5 870	0.02	11
葡萄牙	2 919	2 620	3 095	2 816	4 564	6 100	8 162	5 919	3 128	4 406	2 605	4 107	4 203	0.02	12
美国	3 628	4 769	3 789	2 461	4 085	4 256	3 226	3 067	3 027	2 143	1 670	1 735	3 155	0.01	13
德国	4 323	3 044	1 990	2 080	3 128	4 279	3 097	1 602	1 197	1 026	967	1 017	2 313	0.01	14
澳大利亚	2 089	2 122	1 214	1 137	1 588	2 553	1 897	2 969	2 419	3 039	3 655	3 673	2 363	0.01	15
比利时	1 834	1 317	1 820	1 165	1 182	3 470	3 068	2 417	2 719	3 295	3 878	2 661	2 402	0.01	16
希腊	3 132	2 711	1 856	2 005	2 877	1 959	2 696	1 766	1 709	1 673	2 074	2 527	2 249	0.01	17
丹麦	2 637	2 817	2 350	2 666	2 785	3 242	3 154	1 810	1 750	1 348	1 512	1 028	2 258	0.01	18
荷兰	2 821	2 646	1 819	1 706	1 274	994	1 359	1 980	1 771	1 546	1 789	2 108	1 818	0.01	19
尼日利亚	215	771	897	14	5	—	9 478	2 697	3 724	—	—	12	1 979	0.01	20
其他	8 270	10 349	7 483	7 705	10 232	14 509	13 197	16 711	18 276	22 295	20 720	21 384	14 261	0.06	
总计	168 254	170 342	170 093	187 614	214 783	233 175	251 030	272 817	307 367	292 616	314 595	379 845	246 878	1.00	

资料来源：FAO，2013。

一、西班牙

西班牙是世界上最大的鲨鱼生产国和鲨鱼肉贸易国之一。西班牙的鲨鱼捕捞量在全世界排第三，进出口总量排第二。鲨鱼肉的进口全部来自其他鲨鱼捕捞国，其中有很大比例直接由外国捕捞船在西班牙港口上岸。西班牙的鲨鱼肉基本出口欧洲市场，主要是意大利。2002—2011 年，平均每年进口鲨鱼肉 1.407 7 万 t，价值 3 170 万美元；平均每年出口鲨鱼肉 1.560 8 万 t，价值 6 000 万美元。在过去 10 年里，西班牙鲨鱼肉进口下降，出口增长，可能是因为国内船只的供应增长。

（一）概况

西班牙不仅是世界上最大的未加工鱼翅生产国之一，也是一个鲨鱼肉主要贸易市场。2000—2011 年，西班牙平均每年进口的鲨鱼肉占全球总量的 13%（1.423 7 t），占总额的 13%（3 090 万美元）。同期，在总量上，西班牙是世界上第二大鲨鱼肉出口国，排在中国台湾之后；在总额上则排名第一。出口量占全球总量的 17%（1.535 8 t 万），出口额占总额的 25%（5 500 万美元）（图 3-51）。2000—2011 年，西班牙平均每年捕捞"鲨鱼、鳐和魟"6.129 3 万 t，在印度尼西亚和印度之后排第三，占全球总捕捞量的 8%。西班牙近年来捕捞量增长，特别是大青鲨。其他捕捞量比较大的种类有鼠鲨和短鳍灰鲭鲨，另外还有少量的狗鲨和鳐类。西班牙进口中有很大比例是外国远洋捕捞船直接在西班牙港口上岸的鲨鱼胴体，特别是葡萄牙船只。这些胴体主要和鲨鱼鳍一起上岸（连在一起或割离），其中鱼翅会出口往东南亚和东亚，剩余的用于出口和国内消费的鲨鱼肉则由西班牙船只捕捞。西班牙拥有庞大的国内鲨鱼肉消费市场，通常使用其他名称来交易。

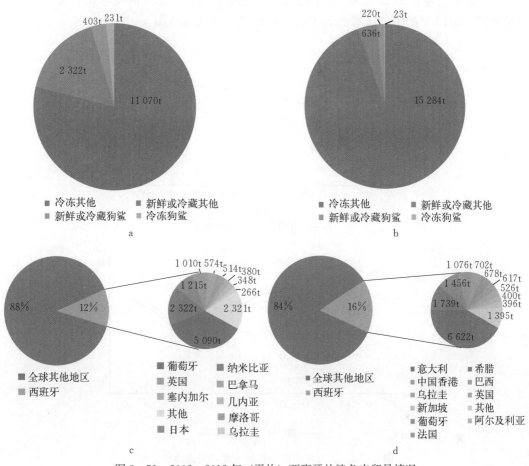

图 3 - 51　2002—2012 年（平均）西班牙的鲨鱼肉贸易情况
a. 进口类型　b. 出口类型　c. 进口主要来源　d. 出口主要目的地

（二）进口和出口

2002 年（西班牙）、2004 年（大西洋金枪鱼养护国际委员会）、2005 年（各区域渔业部门）、2009 年和 2013 年（欧盟）实施的反割鳍规定使得鲨鱼肉国际贸易发生变化，对作为主要生产国的西班牙来说有着深远影响。这导致鲨鱼肉供应增加，与市场需求不符。之前，捕捞船可以通过割鳍和丢弃鲨鱼胴体来节省空间，这部分空间可以用于存放更有商业价值的鱼类，如旗鱼或金枪鱼。虽然不清楚这种方式在鲨鱼捕捞船中有多广泛，但鱼翅相对于胴体来说价值高出很多，这意味着这样做非常经济。不过，反割鳍规定要求这些渔民必须在船上保留更多的空间用于存放鲨鱼胴体，并鼓励他们为上岸的鲨鱼肉寻求新的市场。某些情况下，曾经以各种大型中上层种类如金枪鱼和旗鱼为目标的渔船现在开始单独以鲨鱼为目标。西班牙作为最大的鲨鱼捕捞国之一，其港口上岸的鲨鱼肉供应量也因此大幅增长。这种发展趋势还可解释 2002—2012 年鲨鱼肉进出口变化为何相反，进口量下降了 18%，2012 年仅为 1.435 1 万 t，而出口量同期增加了 80%，达到了 2.142 6 万 t。除了供应量增加，鲨鱼肉的贸易价格在过去十年里也在稳步提高。数据表明对鲨鱼肉的潜在消费需求也在增加。2002—2012 年价格的上涨意味着进口额下降的概率几乎为零，尽管总量下降，2012 年的出口额增长 233%，达到 5 560 万美元（图 3 - 52）。

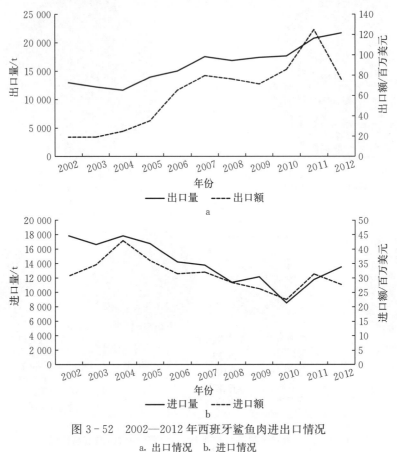

图 3 - 52　2002—2012 年西班牙鲨鱼肉进出口情况
a. 出口情况　b. 进口情况

　　总体上，从 2002—2012 年的数据可以看出，西班牙平均每年进口鲨鱼肉 1.403 9 万 t，进口额 3 140 万美元。其中有 81% 的"冷冻"产品（进口额占 77%），而剩下的则是"新鲜或冷藏"产品。分析 2009 年以后的统计数据，可以发现不同种类所占比例不同，鼠鲨为总量的 15%（进口额占 18%），狗鲨占 1%（进口额占 2%），其他种类占 84%（进口额占 80%）。而出口同期平均每年 1.619 6 万 t，进口额 6 160 万美元。总量的约 96%（总额的 95%）为冷冻鲨鱼肉，剩下的则是"新鲜或冷藏"产品。2009—2012 年，西班牙出口总量的 10% 为鼠鲨（总额的 9%），剩下的则是其他非狗鲨种类。

　　2012 年，根据 WCO 对 HS 商品类别的修订，西班牙采用了专门的编码来报告鳐和虹贸易。2012 年西班牙进口的鳐类总量为 912 t，总额 210 万美元，混合有"冷冻"和"新鲜或冷藏"产品。对应的出口量为 2 546 t，出口额 740 万美元，进一步突出了西班牙作为鳐和虹生产和出口国的重要性。出口总量和总额的 86% 是冷冻鳐和虹，而剩下的则是"新鲜或冷藏"产品。

（三）贸易伙伴

2000—2012 年，西班牙鲨鱼肉进口的主要来源是葡萄牙，占进口总量的 39％
（5 609 t），总额的 46％（1 510 万美元）。进口量的 56％和进口额的 61％是冷冻鲨鱼肉，
而剩下的则是"新鲜或冷藏"产品。在种类上，根据 2009 年的记录，总量的 73％（总额
的 72％）是其他鲨鱼种，剩下的则是鼠鲨，而来自葡萄牙的狗鲨几乎为零。相比 2002
年，2012 年的数据显示来自葡萄牙的进口量增长了 24％，达到 7 532 t；进口额增长了
33％，为 1 680 万美元。这些进口中有很大的比例是葡萄牙船只在西班牙港口直接上岸，
这些船只和西班牙船只一样受到反割鳍规定的约束。在葡萄牙之后，西班牙也从其他国家
进口大量的鲨鱼肉，按照年均总量和总额排序依次为纳米比亚（2 290 t，410 万美元）、日
本（1 215 t，130 万美元）、英国（1 016 t，320 万美元）和摩洛哥（583 t，190 万美元）。
主要进口的是非狗鲨种的冷冻鲨鱼肉。来自这些伙伴的进口量在 2002—2012 年相对稳定，
除了来自英国的鲨鱼肉进口量显著下降，2012 年比 2002 年减少了 77.4％。

2012 年，西班牙鳐和虹进口来自马尔维纳斯群岛、葡萄牙和英国。马尔维纳斯群岛
有 394 t，进口额 81.7 万美元，占总量的 42％和总额的 39％。葡萄牙和英国各占总额的
20％，占总量的 18％和 17％。

西班牙主要的出口市场意大利是欧洲第一鲨鱼肉消费市场。2002—2012 年对意大利
的出口平均每年占出口总量的 46％（6 394 t）和总额的 50％（1 540 万美元）。出口量的
93％（出口额的 87％）是"冷冻"鲨鱼肉，剩下的则是"新鲜或冷藏"产品。2009 年以
后，开始在种的水平上辨别鼠鲨贸易。从数据可以发现，每年出口往意大利的其他鲨鱼种
占总量的 71％（总额的 57％），鼠鲨占 28％（总额的 42％），狗鲨占 1％（总额的 1％）。
出口意大利的平均单价为 2.4 美元/kg。希腊和葡萄牙在西班牙的年均出口量中各占 12％
（1 655 t 和 1 629 t），在总额中占 12％（370 万美元）和 8％（250 万美元）。对希腊的出口
同期有所下降，2012 年降至 1 305 t，但对葡萄牙的出口增长了 272％，2012 年达到 3 782 t。
巴西是另一个成长中的西班牙鲨鱼肉出口市场，总量从 2007 年的零增长到 2012 年的
3 982 t（610 万美元），使得它成为继意大利之后的第二大出口市场。乌拉圭从 2009 年开
始也从西班牙进口鲨鱼肉，平均每年 1 032 t，进口额 130 万美元。西班牙对南美的出口单
价（巴西 1.1 美元/kg，乌拉圭 1.2 美元/kg）通常比欧洲市场（意大利 2.4 美元/kg，葡
萄牙 2.3 美元/kg）要低。部分是因为对欧洲出口的高价值"新鲜或冷藏"鲨鱼肉比例较
高，此外不同种类的组成和额外加工（附加价值）也可能是原因之一（图 3－53）。

2012 年西班牙鳐和虹出口的主要目的地是葡萄牙，占了出口总量的 59％（1 496 t），总额
的 60％（450 万美元）。这些出口在总量和总额方面都有 86％是冷冻产品，剩下的则是
"新鲜或冷藏"产品。同年，西班牙向韩国出口鳐和虹 293 t，出口额 73.7 万美元，都是
冷冻产品。对意大利和法国的出口分别有 186 t（59.2 万美元）和 146 t（23 万美元）。

（四）国内贸易和市场

考虑到西班牙的鲨鱼、鳐和虹捕捞量很高（每年约 6 万 t），且国内对鲨鱼、鳐和虹
肉有很高的需求，所以其国内消费很可能不只局限于进口统计（每年约 1.5 万 t）所反映
的水平。而且，西班牙的捕捞量并不是必须输往国内市场，特别是有些西班牙的渔获会在
某些对鲨鱼肉有高需求的其他国家（如乌拉圭和巴西）上岸。或许还有其他西班牙鲨鱼渔

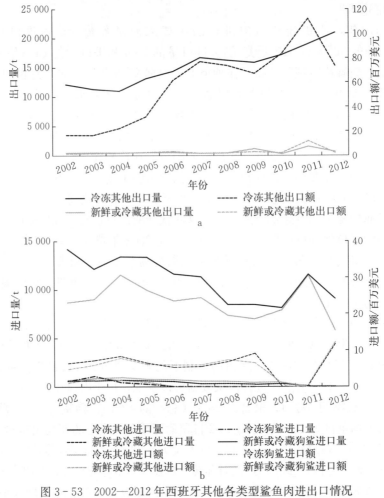

图 3-53 2002—2012 年西班牙其他各类型鲨鱼肉进出口情况

a. 出口情况 b. 进口情况

获的市场，例如，毛里塔尼亚报告的鲨鱼肉主要出口往加纳和尼日利亚等其他非洲国家。无论如何，西班牙远洋船和进出口贸易令评估其国内贸易处于何种程度十分困难，而这个市场很可能是全球最大的鲨鱼肉市场之一。

2013 年马德里批发市场新鲜大青鲨的售价为 7.36 美元/kg，冷冻产品售价 4.42 美元/kg。来自巴塞罗那的数据，新鲜灰鲭鲨的售价为 14.17 美元/kg，冷冻产品售价 5.21 美元/kg（Clarke et al.，2013）。不过，维哥（一个主要上岸港口）的大青鲨单价要低一些，稳定在约 2.30 美元/kg（产品形式不定）。零售方面，鲨鱼肉通常作为"cazon"或"marrajo"（而非"tibron"）销售。曾经有媒体投票结果显示，西班牙消费者对这些产品是否来自鲨鱼并不关心。除了利用鲨鱼肉，鳐和魟翅也在全国范围内被用于传统炖菜。

西班牙作为欧盟一员，对进口鲨鱼肉的重金属含量有严格的管控标准。这些标准允许的最高汞含量为 1.0 ppm（mg/kg），铅为 0.3 ppm，镉为 0.05 ppm。贸易数据显示，这些标准会导致西班牙等欧洲市场的进口向小型鲨鱼转移，消费者也倾向于选择小型鲨鱼肉（Clarke et al.，2013）。

二、意大利

意大利是世界上最大的鲨鱼肉消费市场，主要由欧洲生产国提供。意大利在总量上是全球第三大鲨鱼肉进口国，主要进口个体较大的鲨鱼种类，历史上也曾大量进口狗鲨。2000—2011年，平均每年进口鲨鱼肉1.1526万t，进口额3480万美元。进口量近年来在缓慢下降，主要是因为狗鲨的进口量减少。狗鲨和大个体鲨鱼的进口价格自2000年以后便大幅下降。

（一）概况

2000—2011年，意大利平均每年进口1.1526万t鲨鱼肉，占全球总量的11%（图3-54）；进口额3480万美元，占全球总额的14%。意大利是总额第二大、总量第三大的鲨鱼肉进口国，值得一提的是，第一大进口国韩国主要进口鳐和虹而非真正鲨鱼。进口是意大利鲨鱼肉的主要来源；国内的鲨鱼产量很低，20世纪90年代末之后便显著下降。2000—2011年，意大利的鲨鱼年均捕获量为1491t，其中约一半为鳐和虹。意大利没有明晰的鲨鱼肉或鱼翅出口记录。

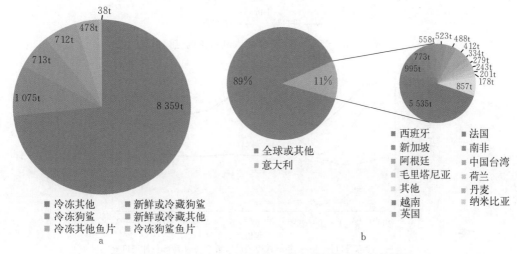

图3-54　2000—2011年（平均）意大利的鲨鱼肉贸易情况

a. 进口类型　b. 进口主要来源

（二）进口

意大利的鲨鱼肉进口量在20世纪90年代初到2007年维持相对稳定，但2008年金融危机之后便开始下降。2008—2012年的平均年进口量为9418t，相比2000—2007年下降了18.7%。事实上，2012年的8828t是1987年以来的最低值。不过，由于价格上涨，总额却有所增加，2012年为3300万美元（图3-55）。在3种一般产品分类里（冷冻、冷冻鱼片和"新鲜或冷藏"），进口量的下降完全是因为冷冻鲨鱼进口的下降。一定程度上，这些进口量被"新鲜或冷藏"产品所取代。在种类方面，狗鲨和其他种类（主要是大青鲨）的进口量2000—2012年在下降，狗鲨每年下降70%，其他鲨鱼下降22%。狗鲨的进口量在2012年降至832t，而其他鲨鱼的进口为8286t，意味着狗鲨现在只占意大利总进口量的9%（图3-56）。狗鲨一直是昂贵的种类，2000—2012年"新鲜或冷藏"的狗鲨肉平均单价为7.1美元/kg，而其他种类"新鲜或冷藏"肉平均单价为5.9美元/kg。因此，狗鲨同期平均占意大利每年鲨鱼肉进口总额的 29％（950 万美元），2012 年下降到 25％。对于冷冻产品，差异要小一些，狗鲨和其他鲨鱼的单价分别为 2.7 美元/kg 和 2.3 美元/kg。所有产品类型的单价都有显著上涨，所有鲨鱼肉的平均进口单价在 2012 年上涨了 47％，达到 3.7 美元/kg（图 3-57）。

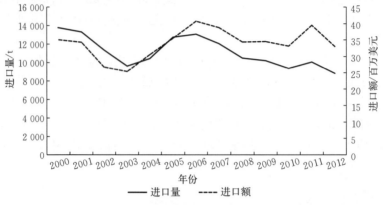

图 3-55　2000—2012 年意大利鲨鱼肉进口情况

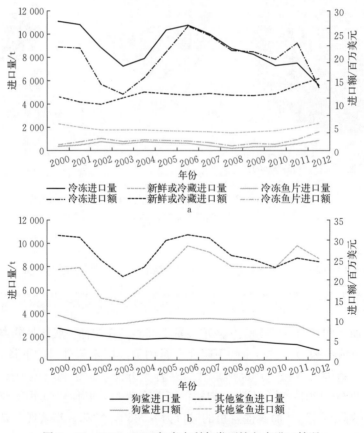

图 3-56　2000—2012 年意大利各类型鲨鱼肉进口情况

a. 不同形式鲨鱼肉进口情况　b. 不同种类鲨鱼肉进口情况

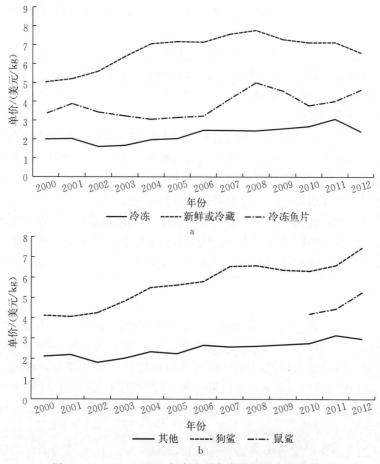

图 3-57　2000—2012 年意大利各类型鲨鱼肉进口单价
a. 不同形式鲨鱼肉进口单价　b. 不同种类鲨鱼肉进口单价

（三）贸易伙伴

西班牙在 2000—2012 年每年为意大利供应 49% 的鲨鱼肉（5 485 t），使得它成为意大利的第一大进口来源。平均每年进口额 1 250 万美元，占了总额的 37%。来自西班牙的进口量维持相对稳定，单价在 2000—2012 年上涨了 30%。这些进口主要是冷冻鲨鱼肉，平均每年占总量的 94%（5 160 t），总额的 89%（890 万美元）。非狗鲨种，主要是大青鲨，因为该种类占西班牙鲨鱼捕捞量的 90%。继西班牙之后，法国是意大利第二大鲨鱼肉供应国，平均每年占总进口量的 9%（1 022 t），总额的 19%（640 万美元）。2000—2012 年量价齐涨，进口量增长了 27% 到 1 342 t，进口额增长 72% 到 850 万美元。相比西班牙，法国供给意大利的几乎都是"新鲜或冷藏"鲨鱼肉，这类产品占了每年总量的 96%（977 t）和总额的 98%（620 万美元）。这其中有 45% 的狗鲨和 49% 的其他种类。越南是意大利的另一个重要鲨鱼肉进口来源，从 2000 年的零增长到 2006 年的 1 921 t（410 万美元）峰值，之后又下降到 2012 年的 701 t（220 万美元）。除了非常少量的冷冻狗鲨鱼片，其他全部是冷冻非狗鲨种类。丹麦和荷兰是高价值"新鲜或冷藏"狗鲨供应国，2000—2012 年平均每年进口 264 t 和 217 t，进口额分别为 210 万美元和 150 万美元。不过，丹麦的供应在稳定下降，2012年只有84 t。新加坡曾经是意大利冷冻非狗鲨种的重要供应国，已经断崖式下滑，从2004年1 309 t（310万美元）的峰值下降到2012年的零。2012年的进口数据显示其他供应国或地区也出现显著下降，包括南非（504 t，130万美元）、英国（453 t，160万美元）、阿根廷（389 t，98.6万美元）和中国台湾（310 t，56.2万美元）。意大利出口的鲨鱼肉很少，主要输往希腊。

（四）国内贸易和市场

意大利历史上是欧洲最大的鲨鱼肉消费国，大青鲨、鼠鲨以及狗鲨都有广阔市场，特别是在该国的北部地区。鲨鱼肉主要是以冷冻鱼排的形式在超市销售。近年来，较便宜的大青鲨肉替代了小个体的狗鲨和猫鲨肉。这是因为后者在欧洲水域被广泛过度捕捞，以及大青鲨充分利用的程度越来越高，这很可能是反割鳍规定的结果。

意大利消费者对鲨鱼肉的需求还在增长。价格上涨的情况下，需求仍在增长要归功于鲨鱼肉对于经济衰退中的社会底层人来说依旧是廉价的蛋白质来源。和西班牙一样，意大利在制作传统菜肴——鳐和魟翅上有很多区域性差异。

三、乌拉圭

乌拉圭已经成为一个主要的鲨鱼肉进口国、加工国和再出口国。乌拉圭的鲨鱼进口主要来自附近海域捕捞的外国船只。乌拉圭使用去除头部、内脏和鱼鳍的胴体来生产鱼排，之后出口往巴西。鲨鱼肉的进出口在2005—2009年快速增长，2009年达到峰值，进口量达到2.171 7万 t，进口额2 100万美元；出口量达到1.722 3万 t，进口额3 390万美元。2009年后，贸易总量下降了约50%。乌拉圭国内鲨鱼肉消费市场较小，产品价格相对较低。

（一）概况

2005年开始乌拉圭的鲨鱼肉贸易快速增长，2009年乌拉圭成为全球总量第一大鲨鱼肉进口国，达到2.171 7万 t；总额排在全球第五位，为2 100万美元。同年，乌拉圭是总量和总额第二大的鲨鱼肉出口国，为1.722 3万 t和3 390万美元。不过，2009年后贸易开始减少，2012年进出口分别为1.275万 t（1 230万美元）和9 412 t（2 090万美元）。2000—2012年的平均出口单价为2.2美元/kg，进口为1.1美元/kg。这反映出乌拉圭主要进口鲨鱼肉加工后再出口，出口市场主要是巴西。鲨鱼肉贸易的蓬勃发展是因为在地理和其他条件上中国台湾的鲨鱼捕捞船，相比巴西港口更容易进入乌拉圭港口。中国台湾是乌拉圭鲨鱼肉的主要供应者（图3-58）。而乌拉圭出口加工鲨鱼肉享受减税优惠，通过进口冷冻去除头、内脏和鱼鳍的鲨鱼胴体，将其加工成冷冻鱼排就可以实现高价值出口。乌拉圭的鲨鱼肉进口主要用于加工再出口，后处理的出口量可占预处理进口量的72%。乌拉圭自身的鲨鱼渔业是另一个补充来源，但产量较小，2000—2011年的平均捕捞量为4 077 t（占全球总产量的不到1%）。

（二）进口和出口

中国台湾是乌拉圭鲨鱼肉的主要供应者，2002—2012年平均每年4 893 t，占乌拉圭鲨鱼肉进口总量的50%。这些进口主要是低价值的"去头、内脏和鳍"的鲨鱼胴体，平均每年520万美元，占总额的49%。从中国台湾的进口量在2009年达到峰值1.275 4万 t（1 180万美元），之后3年里大幅下降到2012年的4 852 t（460万美元）。主要鲨鱼生产

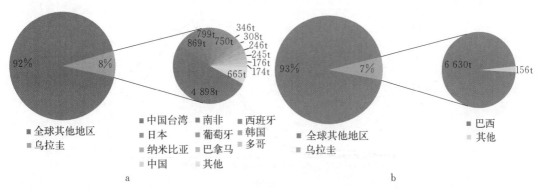

图3-58　2002—2011年（平均）乌拉圭的鲨鱼肉贸易情况

a. 进口主要来源　b. 出口主要目的地

国日本和西班牙的延绳钓船也向乌拉圭供应大量的原材料。日本2002—2012年每年提供的鲨鱼肉占总量的9%（874 t，进口额95.7万美元），2007—2012年维持在每年1 524 t（进口额170万美元）。来自西班牙的进口量也有类似的趋势，2002—2012年平均每年852 t，2007—2012年为1 544 t。来自南非的进口量在2002—2012年平均每年822 t（进口额90.2万美元），2006—2009年稍高。此外，还有大量的未加工鲨鱼肉从葡萄牙和韩国进口，2002—2012年平均每年进口393 t（46.1万美元）和328 t（39.1万美元）。

乌拉圭鲨鱼肉基本全部出口到了巴西，2002—2012年平均每年占出口总量的98%（6 883 t）和总额的99%（1 510万美元）（图3-59）。这些出口几乎都是无皮的鱼排。由于乌拉圭的进口主要用于加工后再出口，对巴西的出口也有类似进口的变化趋势。2005—2009年快速增长，2009年达到峰值1.747 4万 t（3 230万美元），之后3年里下降到较低水平。2012年，乌拉圭出口鲨鱼肉9 412 t（2 090万美元），除去2 t其他都输往了巴西。不过，进口和再出口之间的单价差在2002年之后便稳定扩大。2012年出口往巴西的鲨鱼肉单价2.2美元/kg，相比2002年增长了282%，而乌拉圭的进口单价为0.97美元/kg，同期仅增长了85%。2006年之后，每年再出口单价稳定在进口单价的170%，而巴西的需求随着单价上涨也有所调整（图3-60）。

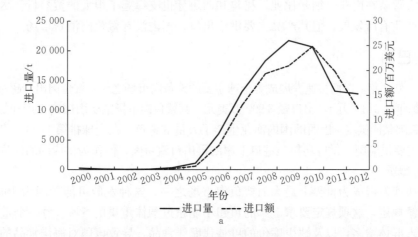

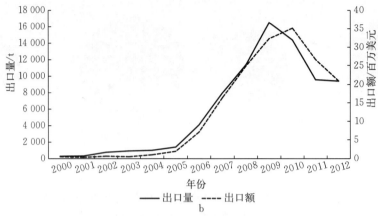

图 3-59　2002—2012 年乌拉圭鲨鱼肉进出口情况

a. 进口情况　b. 出口情况

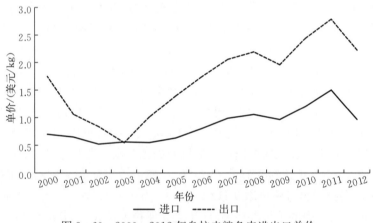

图 3-60　2000—2012 年乌拉圭鲨鱼肉进出口单价

（三）国内贸易和市场

乌拉圭是一个鲨鱼肉加工国，主要的出口市场是巴西。乌拉圭的鲨鱼肉加工严重依赖大青鲨，大青鲨在南非、纳米比亚、秘鲁和西班牙也支撑起了很大的贸易量。尽管乌拉圭的鲨鱼肉产业有所发展，但其产品主要供给出口，国内没有鲨鱼肉消费市场。

四、巴西

2009—2012 年，巴西快速发展成为全球主要的鲨鱼肉市场之一，鲨鱼肉出口超过了其他国家，平均每年 2.013 1 万 t，出口额 3 990 万美元。其鲨鱼肉市场主要由国内生产和加工、进口未加工鲨鱼肉共同供应。巴西的国内渔业生产了大量的鲨鱼，在全球排第 11 位。乌拉圭是巴西市场的主要供应国，供应乌拉圭港口上岸的再出口鲨鱼肉，但作为供应国的地位在减弱。

（一）概况

巴西快速发展成为世界上最大的鲨鱼肉市场之一。这种发展可能是因为 1998 年巴西引入反割鳍规定，这项规定要求上岸的鱼翅不能超过胴体重量的 5%。另一个重要的原因是中等收入群体增多，以及缺少廉价的可替代海洋食品，导致该国对海洋食品的需求总体提高。虽然 2000—2011 年平均 1.103 6 万 t（1 800 万美元）的进口继韩国、西班牙和意大利之后位列第四，但这个数据掩盖了其强烈的增长趋势。2011 年的进口量全球最高，达到了 2.106 7 万 t（4 930 万美元），而 2000 年只有 2 621 t（250 万美元）。2011 年全球第四大鲨鱼肉进口国乌拉圭，将其大量进口的鲨鱼肉加工之后再出口给巴西，进一步彰显了巴西鲨鱼肉消费市场的重要性（图 3-61）。巴西市场不止从 17 个国家和地区（2012 年的进口伙伴）进口大量鲨鱼肉，也有大量国内产品。2000—2011 年，巴西平均每年鲨鱼、鳐和魟的捕获量为 2.099 2 万 t，使其成为第 11 大鲨鱼生产国。捕获量相对稳定，其中 68％是鲨鱼种类（非鳐和魟）。巴西的鲨鱼肉出口为零。

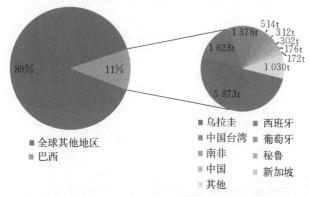

图 3-61 2000—2011 年（平均）巴西的鲨鱼肉进口主要来源

（二）进口

巴西对鲨鱼肉的需求增速可以从 2009—2012 年的进口（8.052 5 万 t）超过 2000—2008 年的进口（7.741 4 万 t）反映出来。2009—2012 年，每年进口量稳定维持在 2.013 1 万 t（3 990 万美元），远超其他国家（图 3-62）。随着全球范围内鲨鱼肉价格的增长，巴西的进口单价从 2000 年的 0.93 美元/kg 涨到了 2010 年的 2.2 美元/kg，2012 年下降到 1.7 美元/kg（图 3-63）。进口总额的增速甚至超过总量，2009—2012 年比 2000—2008 年鲨鱼肉进口总额增长了 66％。根据巴西鲨鱼肉记录的商品编码组，进口主要有两类：大青鲨，冷冻，去头，割鳍和掏空的胴体；大青鲨，冷冻，去皮肉片。从 2008 年（两个不同产品类型首次引进）到 2012 年，胴体占进口总量的 38.2％，总额的 27.1％，剩下的则是肉片。

（三）合作伙伴

2000—2012 年，乌拉圭是巴西鲨鱼肉市场最重要的供应国，进口中大部分是胴体原材料和再出口的加工鱼肉。同期，乌拉圭平均每年占巴西鲨鱼肉进口总量的 49％（5 900 t），总额的 59％（1 150 万美元）。2000—2009 年，来自乌拉圭的进口稳定增长，2009 年的进口量（1.640 2 万 t，进口额 3 790 万美元）比 2000 年增长了 12 倍。同期进口价格也大幅上涨，从 2000 年的 0.84 美元/kg 涨到 2012 年 2.3 美元/kg。进口价格的上涨是由于乌拉圭供应的几乎都是高附加值的鲨鱼肉而非其他伙伴供应的未加工胴体。

不过，从乌拉圭进口的加工产品在 2009 年后大幅下降，2012 年巴西从乌拉圭的进口下降到 6 222 t（1 430 万美元）。这部分下降被其他来源的进口所补偿，特别是西班牙和中

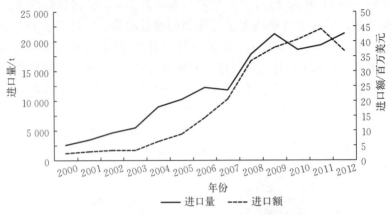

图 3-62　2000—2012 年巴西鲨鱼肉进口情况

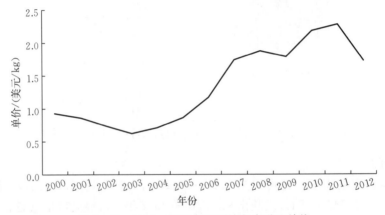

图 3-63　2000—2012 年巴西鲨鱼肉进口单价

国台湾。来自西班牙的进口占了同期总量的 16%（1 914 t），总额的 13%（250 万美元）。2000 年之后稳定增长，2012 年为 5 362 t（780 万美元），相比 2000 年进口量增长了 1 410%，进口额增长 1 928%。中国台湾供应了总量的 14%（1 914 t）和总额的 11%（220 万美元）。来自中国台湾的进口在过去 13 年里大幅增长。2012 年为 4 893 t，进口额 770 万美元，分别为 2000 年的 23 倍和 40 倍。西班牙和中国台湾都供应胴体，但 2009 年后肉片的供应增加，弥补了从乌拉圭进口的减少。来自其他国家的进口在变化，但总体上输往巴西的总量在增长，这些国家包括葡萄牙（年均 543 t，进口额 72 万美元）、秘鲁（352 t，进口额 47.5 万美元）、南非（307 t，进口额 28.1 万美元）和新加坡（249 t，进口额 30 万美元）。

（四）国内贸易和市场

巴西对鲨鱼肉产品的强烈需求可以从其和乌拉圭的贸易关系中看出。不过，巴西是全球第 11 大鲨鱼捕捞生产国，且几乎没有报告出口，国内市场的消费比进口推测的结果要大很多。这说明巴西的鲨鱼肉消费很可能要高过意大利（只有很少的国内产量），有可能比肩西班牙和韩国。由于欧盟国家对鲨鱼肉的重金属水平要求严格，巴西作为进口市场更加青睐大西洋捕获的大型鲨鱼。巴西捕捞的鲨鱼主要是在伊塔雅伊港上岸。上岸的鲨鱼包括大青鲨，在巴西国内销售。早在2013年，鲨鱼上岸就以去头割鳍的形式进行。不过，巴西1998年割鳍禁令强化，鱼翅和个体比例要求变成"鱼翅必须自然位于胴体"。南大西洋渔业捕捞上岸进入巴西市场的鲨鱼会按照特殊标准加工，所以并不是大部分渔业中所谓的鲨鱼副渔获。

和欧洲南部的烹饪口味一致，鳐和魟翅在巴西某些地方是炖菜的流行配料。不过，巴西国内的鲨鱼肉市场在多大程度上反映了对鳐和魟翅的需求则是未知。

五、中国

（一）中国大陆

中国大陆是一个主要的鲨鱼生产地区和相对较大的鲨鱼肉进口地区，但缺少可靠信息来评估其境内市场的真正规模。中国大陆的鲨鱼产量也未知，因为很大比例的渔获都是按集成分类来报告，不过近年来报告的详细程度在增加。2000年后，中国大陆将冷冻鱼翅作为冷冻鲨鱼肉报告，导致难以评估进口中鲨鱼肉和鱼翅的比例。2000—2011年，中国大陆每年进口鲨鱼肉4 622 t，进口额1 100万美元。鲨鱼肉的出口有大幅增长，2012年达到1 920 t，进口额2 000万美元，但不清楚出口中鱼翅的比例。

1. 概况

中国大陆是全球最大的鱼翅消费市场，其进口的鲨鱼肉也很多。加工通常发生在进口以后，进口的鲨鱼肉主要形式是"冷冻，未切片"。不过，平均2.5美元/kg的单价比常见的非狗鲨产品要高，其中部分作为冷冻鲨鱼肉进口和报告的很可能是鱼翅或带鱼翅进口的胴体。在总量方面，2000—2011年中国大陆是全球第七大鲨鱼肉进口地区，平均每年4 622 t，占全球总量的4%。总额方面，中国大陆位列第八，平均每年进口额为1 100万美元，占全球总额的5%（图3-64）。同期，进口量在2001年最低的2 801 t（800万美元）和2008年最高的6 725 t（1 500万美元）之间波动，但有所下降。中国大陆鲨鱼肉市场的真实规模难以评估，尽管具体到种的报告在改进，但是还有一定比例的境内鲨鱼产量在集成分类下报告为"海洋鱼类"。

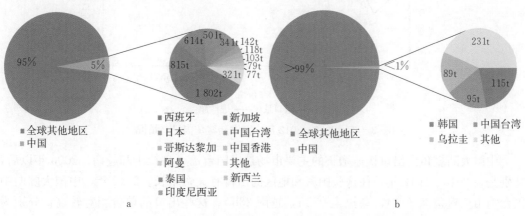

图3-64　2000—2011年（平均）中国大陆的鲨鱼肉贸易情况

a. 进口主要来源　b. 出口主要目的地

中国大陆也出口鲨鱼肉，并且近年来在增加，这使得评估变得更加复杂。2000—2011年，中国大陆平均每年出口525 t，出口额370万美元，在总额上排第16位。2011—2012年，出口数据分别大幅提升到1 844 t（1 720万美元）和1 920 t（2 000万美元）。出口单价在波动，但8美元/kg的平均单价说明都是加工过的高附加值产品，这和中国大陆在全球海产品市场中的重要地位相符。不过，仍需一提的是这些出口中可能包含了一定比例的鱼翅。

2012年，引进WCO的HS编码后，中国大陆开始明确记录鳐和魟分类，2012年进口1 079 t，进口额100万美元。所有的进口都是冷冻形式。

2. 进口和出口

2000—2012年，在中国大陆报告的进口鲨鱼肉总量中，来自西班牙的占了37%，年平均1 769 t；占总额的47%，年均530万美元。2007年达到2 558 t（700万美元）峰值后下降，但单价在提高，2010—2012年维持在约1 350 t（570万美元）。2000—2012年，16%的鲨鱼肉来自新加坡，年平均793 t，进口额230万美元，平均单价为2.8美元/kg。和西班牙类似，来自新加坡的进口自2009年后降到较低水平，2010—2012年平均每年538 t，进口额180万美元。在西班牙和新加坡的案例中，必须要强调的是中国大陆报告的鲨鱼肉进口中可能有很高比例的鱼翅。泰国占进口总量的13%。2005年开始，中国大陆向泰国进口大量低价值的鲨鱼肉，2005—2012年年均970 t，进口额86.4万美元。日本（占进口总量的10%）则有相反的变化趋势，从2000年的1 305 t（240万美元）持续下降到2012年的零。中国台湾和印度尼西亚分别占了中国大陆鲨鱼肉进口量的7%和3%，其中中国台湾每年345 t，进口额69万美元；印度尼西亚146 t，进口额20.7万美元（图3-65和图3-66）。

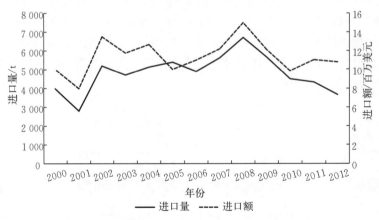

图3-65　2000—2012年中国大陆鲨鱼肉进口情况

中国大陆鲨鱼肉出口快速增长的主要市场是中国台湾、乌拉圭和越南。2006年以后，特别是在2010—2012年，往这些国家和地区的出口有大幅增长。2012年，中国大陆向中国台湾出口鲨鱼肉701 t，乌拉圭682 t，越南238 t。这些出口的单价相对较高，分别为14.5美元/kg、7.5美元/kg和12.1美元/kg。特别是对中国台湾和越南的出口，很可能是加工过的可以直接消费的包含一部分鱼翅的产品。

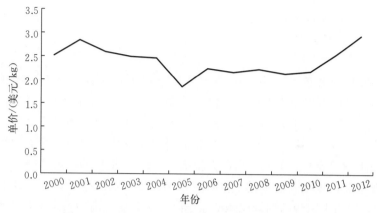

图 3 - 66　2000—2012 年中国大陆鲨鱼肉进口单价

中国大陆 2012 年从 13 个国家进口鳐和魟。4 个主要来源分别是美国（409 t，39.2 万美元）、俄罗斯（160 t，13.8 万美元）、阿根廷（144 t，11.9 万美元）和墨西哥（129 t，13 万美元）。

3. 境内贸易和市场

由于上文提到的编码问题，难以区分中国大陆报告的进口鲨鱼肉实际上是鲨鱼肉还是鱼翅。另外，中国大陆捕捞船的鲨鱼产量统计是不确定的，捕获的鲨鱼比例也未知。因此，基于现有数据无法对中国大陆境内的鲨鱼肉消费给出可靠的评估。因此，本书从多渠道获取了中国大陆鲨鱼肉消费和加工方面的信息。

中国大陆境内的鲨鱼肉加工中心在浙江省温州市蒲岐镇。蒲岐的 20 家工厂每年加工 4 000 t 鲨鱼，占中国大陆加工总量的 90%（Li et al.，2012）。这些工厂加工鲨鱼肉、鱼翅、鱼油、软骨和其他产品。渔业部门的信息显示，中国大陆每年加工约 2 万 t 鲨鱼肉，其中一半来自境内渔业捕捞；1/3 在浙江省消费，鲨鱼产品在当地特别受欢迎。根据这些信息，中国大陆其他地区对鲨鱼肉的需求并没有太大增长。

相反，有专家认为鲨鱼肉市场是一个国家级市场且在扩大。根据 2013 年初开展的网络调查，蒲岐的鲨鱼加工规模已经超越了历史。这次调查访问了 25 家公司，这些公司来自黑龙江、辽宁、福建、广东等地（Clarke et al.，2013）。一家深圳的公司提供冷冻形式的加工鲨鱼肉，这些鱼肉来自南太平洋渔获并出口往日本或欧洲，而其他公司可能也有相同的出口目的地，它们也为境内市场生产一些产品。渔业部门的信息显示，中国大陆加工鲨鱼肉通常出口到澳大利亚、斯里兰卡、菲律宾和新加坡。这些国家的鲨鱼肉进口数据与中国大陆的出口数据不一致，可能是因为中国大陆加工鲨鱼肉出口按照通用贸易编码来记录，或因为中国大陆在远洋港口的上岸记录为出口，掩盖了部分加工鲨鱼肉出口。总体上，中国大陆加工单价低于 0.5 美元/kg 的鲨鱼肉，然后向中级市场如斯里兰卡出口单价约 3.8 美元/kg 的产品。

（二）中国台湾

FAO 关于中国台湾出口鲨鱼肉的记录与中国台湾记录的有很大差异。这主要是因为 FAO 统计包含了外国港口的上岸（捕捞船直接在外国港口上岸的鲨鱼胴体），而中国台湾的记录则不包含。这些上岸在 2000—2011 年 FAO 的数据中占了中国台湾总鲨鱼肉出口量的约 35%，这一比例近年来有明显上升。不过，由于目的地的海外上岸数据无法获得，所有进出口的推论都是基于中国台湾的报告。

1. 概况

作为世界第四大鲨鱼生产者，中国台湾为全球市场供应了大量的鲨鱼肉和鱼翅。2000—2011 年，平均每年捕获鲨鱼、鳐和魟 43 869 t。种类高度集成，但 2007 年更精确的报告显示，大青鲨、灰鲭鲨和镰形真鲨占比较高。主要的出口对象包含了欧盟以外的大部分市场（图 3-67）。2000—2011 年，包括海外上岸在内，中国台湾平均每年出口鲨鱼肉 15 785 t，出口额 1 800 万美元。出口大幅增长，FAO 报告的峰值 26 392 t（4 090 万美元）是 2000 年总量的 6 倍，总额的 8 倍。鲨鱼肉的出口持续增长，而鱼翅的出口和捕获产量维持稳定，说明中国台湾的渔民响应了国际市场对鲨鱼肉的需求增长和割鳍禁令（利用鲨鱼胴体）的要求。中国台湾的出口主要是低价值的冷冻鲨鱼肉，既输往捕捞区域附近消费，也输往区域市场进一步加工和再出口（如通过乌拉圭输往巴西）。2000—2011 年平均出口单价为 1.2 美元/kg。2000—2012 年，中国台湾也进口相对较少的低价鱼肉（平均单价 0.37 美元），主要是"冷冻、未切片"鱼肉，平均每年进口 1 866 t，进口额 69.3 万美元。在 2002—2007 年进口下降到很低水平之后，总量开始增长，2008—2012 年平均每年进口近 3 456 t，进口额 150 万美元。

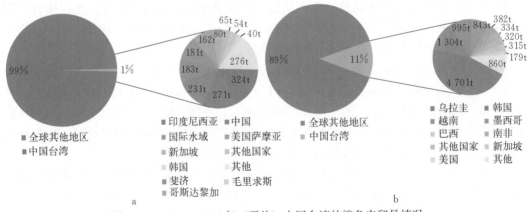

图 3-67　2000—2011 年（平均）中国台湾的鲨鱼肉贸易情况
a. 进口主要来源　b. 出口主要目的地

2. 出口和进口

2000—2012 年，中国台湾鲨鱼肉出口的最重要目的地是乌拉圭。同期，乌拉圭占了年均出口总量的 38%（4 706 t），总额的 2%（390 万美元）。出口在稳定增长到 2008 年 12 405 t（1 130 万美元）的峰值之后，便下降到 2012 年的 3 413 t（300 万美元）。中国台湾主要为乌拉圭供应低价值的"冷冻，去头、去内脏和去鳍"的鲨鱼胴体，乌拉圭将其加工并再出口到巴西。同期输往乌拉圭的出口平均单价为 0.81 美元/kg。2000—2012 年出口第二大市场墨西哥也是先增后降，2007 年达到 3 680 t（490 万美元）峰值，之后降到 2012 年的 1 877 t（250 万美元），年均为 1 848 t（260 万美元）。由于加工鱼肉，如鱼片和鱼排的占比较高，所以出口墨西哥的单价较高。同期韩国平均每年从中国台湾进口 1 226 t

（130万美元），2009—2012年出口韩国的总量降至292 t，下降80%；总额降至39.8万美元，下降73%。同期澳大利亚也是中国台湾高价鱼肉的重要出口市场，平均每年出口470 t，出口额140万美元。此外，越南也是一个增长的市场，2005—2012年平均每年出口1 596 t，而之前几年为零；每年平均出口额为95.1万美元，单价相对较低（图3-68和图3-69）。

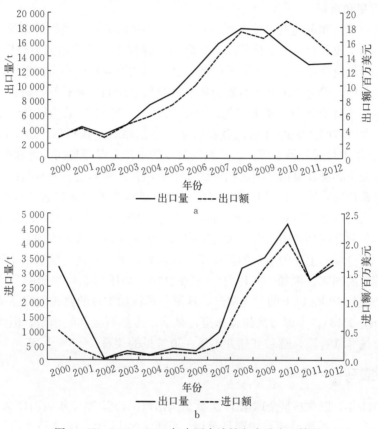

图3-68　2000—2012年中国台湾鲨鱼肉进出口情况

a. 出口情况　b. 进口情况

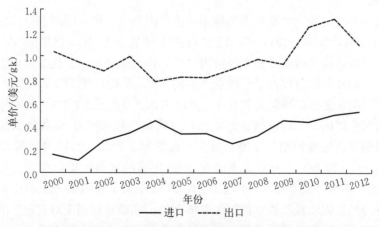

图3-69　2000—2012年中国台湾鲨鱼肉进出口单价

2000—2012 年中国台湾的 3 个主要鲨鱼肉进口来源，按量由大到小依次为印度尼西亚（324 t，13.4 万美元），中国大陆（271 t，14.1 万美元）和斐济（231 t，10.2 万美元）。来自中国大陆的鲨鱼肉价值较高，其他进口主要来自已知鲨鱼捕捞国的低价值的"冷冻、未切片"鲨鱼肉。

3. 境内贸易和市场

中国台湾的苏奥和东港港口多年来一直在利用小型沿海延绳捕捞的冷藏渔获。价值较高的鲨鱼肉会加工成鱼片，而低价值的鲨鱼肉如大青鲨则会被熏制或搅碎用于制作鱼丸。除了沿海延绳船供应鲨鱼肉，中国台湾的离岸和远洋船渔获如果在台湾上岸，也会为其境内消费提供鲨鱼肉，因为要求必须将鲨鱼带鱼翅整只上岸而不是只有鱼翅。

东港、苏奥和高雄 3 个上岸港口的统计数据显示，2013 年平均每月分别处理 214 t、125 t 和 119 t 大青鲨肉。2010 年后的数据显示，在割鳍规定执行后，各个港口的大青鲨肉贸易自 2012 年 1 月后开始下降。虽然割鳍禁令的本意是希望提高大青鲨胴体的上岸量，但鲨鱼肉和鱼翅市场都在衰退。衰退的原因与中央出台八项规定有一定联系。可以推断没有活跃的大青鲨鱼翅贸易，大青鲨肉的市场利润也变得微薄。根据这些数据，2012 年大青鲨的拍卖价格可以达到每只 66 美元，但 2013 年只能卖到 36 美元。因此中国大陆公务员接待新规禁鱼翅等商品是中国台湾大青鲨肉销售价格下跌的决定性因素。

至少有一部分境内上岸的鲨鱼渔获用于境内消费，另一些则可能被加工和出口到对鲨鱼肉有较高需求的国家。例如，2013 年一家在台中（高雄以北）注册的公司无限期、无限量的购买去皮的 10 kg 以上的大青鲨肉，这家公司将加工过的鲨鱼肉产品输往南美市场（Clarke，et al，2013）。中国台湾的媒体报告显示，虽然有鳐和虹消费，但主要是在渔民的餐馆里，市场非常有限，鳐和虹翅并不是一道常见的菜肴。

六、巴拿马

2000—2011 年，巴拿马是全球第 11 大鲨鱼肉出口国，但 2011 年的出口总量只有 346 t。巴拿马的出口市场主要是美洲，特别是美国。2000—2011 年，巴拿马平均每年出口鲨鱼肉 4 064 t，出口额 620 万美元。

（一）概况

巴拿马是一个相对较大的鲨鱼肉和鱼翅的生产国和出口国，同时也有活跃的国内鲨鱼肉市场。出口方面，2000—2011 年，巴拿马占全球鲨鱼肉出口总量的 4%，平均每年 3 954 t（图 3 - 70），排在西班牙和中国台湾之后，位列全球第三。这些出口中价值相对较低的"冷冻、未切片"鲨鱼肉占了全球总产值的 3%，平均每年 580 万美元。同期根据官方统计，巴拿马的鱼翅出口平均每年 80 t，出口额 300 万美元。2000—2011 年，巴拿马是全球第四大鲨鱼生产国，年均捕捞量为 4 389 t（鲨鱼、鳐和虹）。由各种捕捞船捕获，从当地的手工船到产业延绳钓船，主要来自太平洋沿岸。2010—2011 年，捕捞产量低于此前，分别只有 744 t 和 411 t。捕捞量下降在 2009 年后的鲨鱼肉出口量上也有反映，出口量从 2009 年的 5 375 t 下降到 2010 年地 562 t，2012 年又下降到 222 t。整个海产品出口也同样下降。下降的原因和税收激励措施的取消有关，该措施相当于对农业产品，包括海产品出口进行补贴。这种贸易条件或报告实践的变化可能与出口下降有关，也可能与产量下降有关（除非捕捞产能因市场萎缩而削减）。

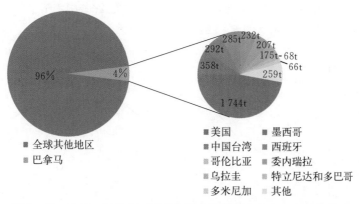

图 3-70　2002—2011 年（平均）巴拿马的鲨鱼肉出口主要目的地

（二）出口

2002—2012 年，巴拿马"冷冻，未切片"鲨鱼肉占出口总量的 90%，占总额的 87%。"新鲜或冷藏，未切片"鱼肉占了余下部分。和大部分国家一样，巴拿马专属经济区内有多少外国船只捕捞和运输鲨鱼不得而知，这些活动是否会反映在出口数据中也不得而知。巴拿马的主要出口市场终止了从巴拿马进口鲨鱼肉，2008—2012 年的出口量直接降到零（图 3-71）。美国在 2002—2009 年每年从巴拿马进口 2 180 t 鲨鱼肉，进口额 480 万美元。其中约 80% 为"冷冻，未切片"鱼肉，20% 为"新鲜或冷藏，未切片"鱼肉。2010 年，根据官方统计，巴拿马终止了向美国出口鲨鱼肉。有数据的整个时期（2002—2012 年），对美国的出口占了出口总量的 47%；墨西哥排第二，2002—2012 年占出口总量的 10%。2008—2012 年，墨西哥未从巴拿马进口任何鲨鱼肉，除了 2012 年的 61 t。2002—2007 年，出口墨西哥的鲨鱼肉平均每年 596 t，出口额 39.8 万美元。这显著低于平均价值，几乎都是"冷冻，未切片"鱼肉。对中国台湾的出口，同期在总量上排第三，同样在 2008 年降为零，此前每年有 487 t（出口额 44.4 万美元）。所有出口都是"冷冻，未切片"鲨鱼肉。同期对西班牙和哥伦比亚的出口主要是高价值鲨鱼肉，虽然 2008 年之后

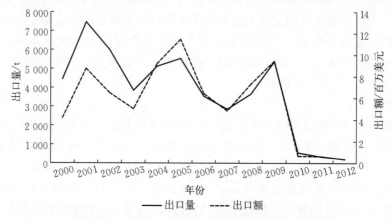

图 3-71　2000—2012 年巴拿马鲨鱼肉出口情况

对西班牙的出口降为零。2002—2007 年，对西班牙的出口每年为 474 t，出口额 82.3 万美元。同期也出口哥伦比亚，2009 年的峰值为 1 037 t。2002—2012 年平均每年出口哥伦比亚 218 t，出口额 34.7 万美元（图 3 - 72）。

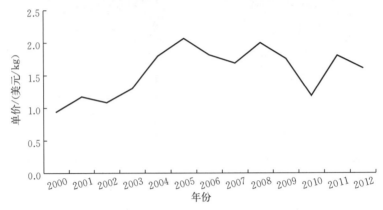

图 3 - 72　2000—2012 年巴拿马鲨鱼肉出口单价

（三）国内贸易和市场

鲨鱼肉在巴拿马作为鱼片消费，腌制干燥鳐和魟翅也存在于当地市场。不过，巴拿马的国内鲨鱼肉市场规模不清楚且难以评估。简单地从产量数据来推测出口是不可能的，因为报告出口量都超过报告产量。这种情况可以说明捕捞产量被低报，国内消费的一些捕捞量未被报告。

巴拿马手工渔业（小型延绳钓和网捕渔业），使用冰保存，为国内消费市场捕捞幼体鲨鱼。相对的，巴拿马的延绳钓渔业，捕捞成年鲨鱼并使用冷冻系统保存，通常向墨西哥市场出口。对很多本区作业的延绳钓船来说，具体到种的鲨鱼捕捞报告近几年才有，因此实际供给国内市场的鲨鱼肉与巴拿马的捕捞产量并不相符。

七、墨西哥

墨西哥是一个主要的鲨鱼生产国和重要的鲨鱼肉市场。墨西哥通过进口和国内产品来供应消费者。进口中很大比例是外国远洋船在墨西哥上岸或在哥斯达黎加港口上岸再出口墨西哥的渔获。墨西哥在总量上是全球第六大鲨鱼生产国和第六大进口国。2000—2011 年，墨西哥平均每年进口 5 650 t 鲨鱼肉，进口额 830 万美元。墨西哥的鲨鱼肉进口在 2003 年达到峰值，之后大幅下降。

（一）概况

墨西哥是一个主要的鲨鱼生产国，2000—2011 年平均每年产量为 3.381 5 万 t，占全球总量的 6%，位列全球第六。2000—2011 年，约有 75% 的产量来自墨西哥太平洋一侧，而剩下的 25% 则来大西洋。这些渔获中约有 29% 是按一定分类来区分，主要是区别出真鲨或大青鲨。国内产量也通过进口补充，2000—2011 年墨西哥在总量上为第六大鲨鱼肉进口国（图 3 - 73）。同期，平均每年进口鲨鱼肉 5 650 t，进口额 830 万美元。2003 年的进口量达到 1.082 5 万 t（1 190 万美元）的峰值，之后下降，2009—2012 年维持在

3 500 t（640 万美元）。"冷冻，未切片"鲨鱼肉占了总进口的 93％（总量和总额），而剩下的比例则是由"新鲜或冷藏，未切片"鲨鱼肉组成。这两种产品类型的进口单价差不多，2000—2012 年"新鲜或冷藏、未切片"鲨鱼肉价值 1.4 美元/kg，"冷冻，未切片"鲨鱼肉价值 1.5 美元/kg。单价在 2000—2005 年随全球市场一起增长，在 2005—2012 年维持相对稳定。

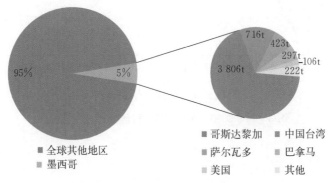

图 3 - 73　2000—2011 年（平均）墨西哥的鲨鱼肉进口主要来源

（二）进口和出口

墨西哥主要从地理上接近的国家进口鲨鱼肉，其中部分是这些国家的捕捞船直接在墨西哥港口上岸渔获。以中国台湾为例，远洋船集中在中美洲的太平洋一侧作业。墨西哥的鲨鱼肉进口主要来自哥斯达黎加。2000—2012 年，来自哥斯达黎加的进口占了总量的 63％，全部是"冷冻、未切片"鲨鱼肉，占进口总额的 67％。同期来自哥斯达黎加的进口年均 3 647 t，进口额 570 万美元。2003 年达到峰值 7 799 t（930 万美元），2012 年大幅下降到 1 666 t（340 万美元）。中国台湾是同期墨西哥第二大鲨鱼肉供应者，平均每年 753 t，进口额 110 万美元。墨西哥只向中国台湾进口"冷冻，未切片"鲨鱼肉。墨西哥也向美国进口鲨鱼肉，占了同期总进口量的 8％，但后半段时期显著下降。总体上，2000—2012 年，墨西哥向美国年均进口 486 t，进口额 67.9 万美元，主要是"新鲜或冷藏，未切片"产品。来自美国的鲨鱼肉进口单价在 2000—2012 年上涨了 100％。萨尔瓦多和巴拿马的产品在 2000—2012 年分别占了墨西哥进口总量的 7％（每年 390 t）和 5％（每年 289 t），年均进口额分别为 65.4 万美元和 12.5 万美元。2003—2006 年，来自萨尔瓦多的鲨鱼肉年均 1 263 t，其他年份为零（图 3 - 74 和图 3 - 75）。

墨西哥鲨鱼肉的出口很少，2000—2012 年平均每年出口 61 t，出口额 5.7 万美元。

（三）国内贸易和市场

墨西哥是一个主要的鲨鱼肉区域市场，从哥斯达黎加、萨尔瓦多、巴拿马和其他中美洲国家接收大量鲨鱼肉，同时也有自己的捕捞供应。墨西哥消费了其国内捕捞量的 90％，出口墨西哥的海运鱼肉批发价低至 1.5 美元/kg（Eilperin，2011）。墨西哥的鲨鱼曾被作为"Cazón"销售，指的是长度小于 1.5 m 重量低于 5 kg 的鲨鱼；或"Tiburón"，指较大的鲨鱼（Rose，1998）。鲨鱼、鳐和魟肉以新鲜、冷冻或更普遍的腌制、干燥形式消费（Sosa - Nishizaki et al.，2008）。墨西哥的鲨鱼肉贸易，特别是大青鲨，一直在增长。

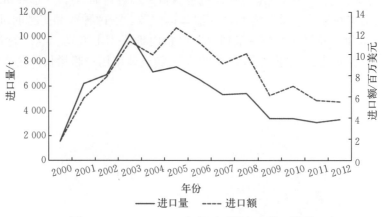

图 3-74 2000—2012 年墨西哥鲨鱼肉进口情况

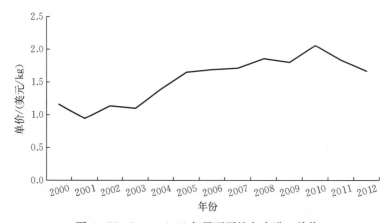

图 3-75 2000—2012 年墨西哥鲨鱼肉进口单价

墨西哥除了是鲨鱼肉净进口国,优卡坦半岛外船只捕捞的鲨鱼也供应出口市场(Rose,1998)。在伯利兹的数据中,出口往危地马拉和洪都拉斯的鲨鱼肉也有类似的情况,特别是在天主教四旬斋节需求上涨的时候。鉴于伯利兹有境内市场,墨西哥东部也应该有境内市场。

八、哥斯达黎加

哥斯达黎加作为主要鲨鱼肉生产国和出口国的地位有所下降,但进口在增加。哥斯达黎加国内具有鲨鱼肉消费市场,主要由手工渔业供应,但市场的真实规模未知。哥斯达黎加是全球第 28 位鲨鱼生产国和第 6 位鲨鱼肉出口国,同时也是墨西哥鲨鱼市场的主要供应国。2000—2011 年,哥斯达黎加平均每年出口鲨鱼翅 4 034 t,出口额 500 万美元。哥斯达黎加的鲨鱼捕捞和出口量自 21 世纪初开始下降,而进口量则在 2011 年后稳步攀升。

(一)概况

哥斯达黎加作为生产国和出口国,其在全球鲨鱼肉市场中的地位在一段时间内有所下降。2011 年,其鲨鱼肉出口量只占全球总量的 1.4%(1 600 t)。2000—2011 年的比例增加到 2%，每年 4 034 t（图 3-76）。这使得哥斯达黎加成为同期全球第六大鲨鱼肉出口国。哥斯达黎加出口的都是较低价的鲨鱼肉，在出口额方面仅位列第 15 名，平均每年 500 万美元，单价为 1.2 美元/kg（图 3-77）。所有这些出口都记录为冷冻、新鲜或冷藏狗鲨和其他鲨鱼。捕捞产量同期在下降，2011 年的 3 635 t 相比 2000 年下降了 72%，经历了 12 年的持续下降。灰鲭鲨和镰状真鲨是唯一具体到种水平报告的，后者在捕捞量中占了较大的比例（18%）。

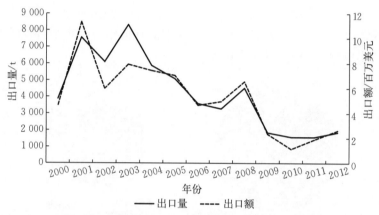

图 3-76　2000—2012 年哥斯达黎加鲨鱼肉出口情况

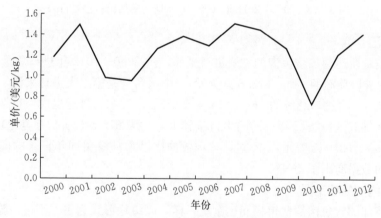

图 3-77　2000—2012 年哥斯达黎加鲨鱼肉出口单价

哥斯达黎加也是一个重要的低价鲨鱼肉进口国，几乎都是冷冻形式，2000—2011 年占了全球进口总量的 1%（全球排第 15 位），平均每年进口 1 452 t，进口额 72 万美元（不到全球总额的 1%）。不过，尽管每年都不同，但进口量有显著下降趋势，2012 年进口了 3 316 t，进口额 390 万美元。由于进口单价提高，总额也有所提升，2012 年的单价为 1.2 美元/kg，而 2000—2012 年平均单价只有 0.59 美元/kg。

（二）出口

墨西哥目前是哥斯达黎加鲨鱼肉最重要的出口目的地（图 3-78），2000—2012 年占了出口总量的 75%、出口总额的 57%，年均出口量 3 167 t，出口额 300 万美元。对墨西哥的出口在 2003 年达到 6 481 t 的峰值，但之后直线下降，2009—2012 年平均每年只有 1 408 t（150 万美元）。墨西哥市场的出口单价在 2008 年以前有上涨趋势，此后显著下降，可能是因为金融危机的后续经济影响。这一时期的平均单价为 0.9 美元/kg，相比其他市场要低一些。继墨西哥之后，2000—2012 年比较大的出口市场有中国香港和中国台湾。对中国香港的出口从 0 跃升到 2001 年的 506 t（480 万美元），但此后持续下降到 2012 年的 45 t（15.6 万美元）。出口单价约为 4.4 美元/kg，显著高于全球市场上的其他冷冻鲨鱼肉产品，原因未知。中国台湾方面，出口量从 2000 年的 1 962 t（250 万美元）下降到 2001 年的 199 t（53.3 万美元），这段时期的其他年份一直维持较低水平。2009—2012 年的年均出口量为 46 t（4.3 万美元）。

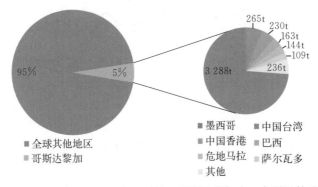

图 3 - 78　2000—2011 年（平均）哥斯达黎加出口主要目的地

（三）进口

伯利兹是哥斯达黎加鲨鱼肉的主要进口来源，占 2000—2012 年进口总量的 51%（年均 856 t），占进口总额的 44%（43.8 万美元）。中国台湾是第二大进口来源，占进口总量的 18%（306 t），占进口总额的 16%（15.4 万美元）。巴拿马最近也成为哥斯达黎加的一个重要鲨鱼肉供应国，2011 年以前的出口量较少，约为 675 t（89.8 万美元），此后 2012 年增加到 1 598 t（210 万美元）。不过，这项数据比巴拿马海关同年记录的向哥斯达黎加出口鲨鱼肉的数据高出了 36 倍。

（四）国内贸易和市场

哥斯达黎加的鲨鱼肉消费市场和巴拿马一样，以鱼片形式为主。不过，腌制干燥鳐和魟肉很少见，大部分鲨鱼肉由手工渔业生产，手工渔业使用冰保存渔获，所以不能供应出口量级的鲨鱼肉。鲨鱼肉的出口应该来自具有冷库的延绳钓渔业。

和南部毗邻的巴拿马一样，哥斯达黎加平均出口量超过了其鲨鱼、鳐和魟捕捞量。这种情况说明捕捞量低估了，或者部分鲨鱼出口没有计入哥斯达黎加的捕捞产量（如远洋船队）。这些因素严重影响对国内消费的评估。评估产量和消费量的另一个难点在于哥斯达黎加的鲨鱼规定有变化。根据媒体报告，在 2001 年哥斯达黎加执行割鳍禁令之前，数百外国捕捞船在哥斯达黎加蓬塔雷纳斯港卸载渔获。虽然卸货量后来下降了，但很多外国船只仍然在那里使用私人码头卸货，逃避检查和捕捞记录。哥斯达黎加对外国船只关闭了这些私人码头，但 2004 年和 2007 年又重新开启，之后在 2010 年 12 月再次关闭。这些变化对鲨鱼上岸或出口报告数据造成的影响尚不清楚。哥斯达黎加 2012 年 10 月修正了鲨鱼规定。不过，由于这些变化主要是关注割鳍和鱼翅进口，对鲨鱼肉市场的影响可能只是导致了更多的鲨鱼胴体上岸。

九、日本

虽然日本的鲨鱼捕捞量大幅下降，但日本仍是重要的鲨鱼肉生产国和出口国（图 3 - 79）。调查显示，鲨鱼肉在日本国内以多种形式被消费，但数据缺失导致市场的真实规模未知。日本进口相对少量的高价值鲨鱼肉，其中有一部分应该是鱼翅。在总量上，日本是第 18 大鲨鱼生产国和第 5 大出口国。2000—2011 年，平均每年出口鲨鱼肉 4 434 t，出口额 740 万美元。2000—2011 年，平均每年进口鲨鱼肉 998 t，进口额 1 620 万美元。21 世纪初以来，日本的鲨鱼肉进口下降，而出口维持稳定。

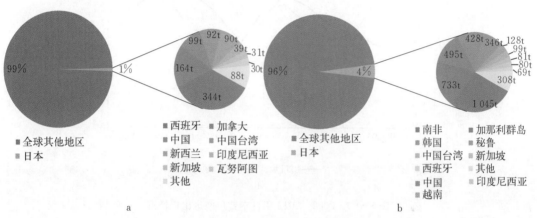

图 3 - 79　2000—2011 年（平均）日本的鲨鱼肉贸易情况
a. 进口主要来源　b. 出口主要目的地

（一）概况

日本曾是世界上主要的鲨鱼捕捞国之一，也是重要的鲨鱼肉进口国和消费国。不过，日本的鲨鱼捕捞量出现了持续下降，下降到 20 世纪 50 年代 10% 的水平。2011 年的捕捞量为 1.023 8 万 t，使得日本当年成为全球第 18 位鲨鱼捕捞国。尽管产量下降，出口量却没有减少，反而有少量增长。根据出口数据，日本远洋船在南非、西班牙和秘鲁上岸的整只鲨鱼增多，这应该是出口增长的原因之一（Gilman et al.，2007）。21 世纪初以来日本在西北太平洋的鲨鱼目标渔业增多也可能会提升日本国内加工鲨鱼肉的出口量（Clarke et al.，2011）。2000—2011 年，日本平均每年出口鲨鱼肉 4 434 t，占全球出口总量的 5%，同期日本的平均出口量排第 15 位。年均出口额 740 万美元，占全球总额的 3%（图 3 - 80）。2007 年以后，所有日本鲨鱼肉出口都是"冷冻，未切片"产品。2000—2006 年，有较大比例（总量的 25% 和总额的 40%）被记录为"冷冻，切片"产品。

20 世纪 90 年代初以后进口量下降，从 2000 年的 1 443 t（1 770 万美元）下降到 2011 年的 447 t（1 730 万美元），进口单价同期大幅上涨。2000—2011 年，年均进口量为 998 t，

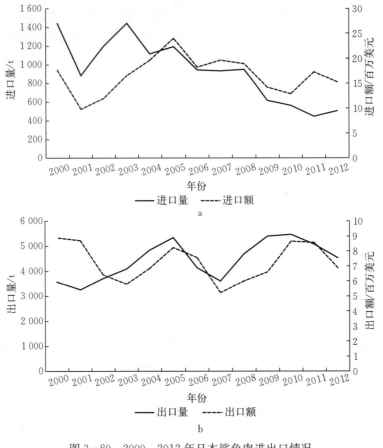

图 3-80 2000—2012 年日本鲨鱼肉进出口情况

a. 进口情况 b. 出口情况

只占全球总量的 1%，但这些进口产品的单价较高，年均进口额 1 620 万美元，占全球的 7%。日本鲨鱼肉的进口单价高于其他市场，2000—2012 年为 17.6 美元/kg（图 3-81）。考虑到这些单价远超过任何种类鲨鱼在其他市场的价格，这个商品分类中很有可能包含了部分鱼翅。

2012 年，日本用 WCO 推荐的专用 HS 商品编码记录鳐和𫚉进口，总进口量为 1 662 t，进口额 640 万美元。所有鳐和𫚉的进口都是冷冻形式。

（二）出口

21 世纪开始经历了一段时期的快速增长后，南非成为日本鲨鱼肉出口量第一的市场。2000—2012 年，出口往南非的总量从 124 t（7.6 万美元）增长到 1 433 t（63.8 万美元）。2004 年后维持在大约 1 400 t，年均 1 088 t，占出口总量的 24%。不过，这些出口都是单价很低的鲨鱼肉，平均 0.65 美元/kg。从出口额看，韩国是同期最重要的出口目的地，平均每年 771 t，出口额 130 万美元。不过，数据有大幅下降，从 2006 年的 1 084 t（240 万美元）下降到 2012 年的 110 t（13 万美元）。对中国的出口也有同样的下降，2004 年达到峰值 1 048 t（250 万美元），2011 年下降到零。整个时期的年均出口量为 464 t，出口额

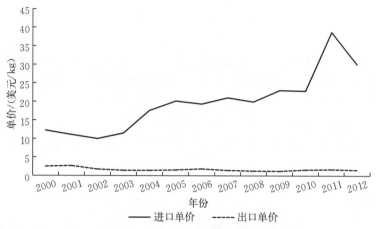

图 3-81 2000—2012 年日本鲨鱼肉进出口单价

100 万美元。加那利群岛（西班牙）则是一个成长中的市场，2012 年的总量（1 199 t，总额 99.7 万美元）是 2000 年的两倍。同期，秘鲁从日本进口的鲨鱼肉也有大幅增长，大约 739 t，进口额 77 万美元。同时，越南 2005 年以后已经成为一个新的主要的中端鲨鱼肉市场，2005—2012 年从日本年均进口 239 t，进口额 98.2 万美元，此前进口数据为零。

（三）进口

分析日本的鲨鱼肉进口前，应当注意到产品单价变化很大，某些来源国的数据非常高，这表明必须将鱼翅进口和鲨鱼肉进口关联考虑，特别是考虑到日本的鱼翅进口和出口（干燥）都没有采用单独的特定编码。在量上，西班牙在 2000—2012 年是日本鲨鱼肉的主要供应国，每年 335 t，占进口总量的 36％；年均进口额 540 万美元，单价 16 美元/kg，比西班牙其他鲨鱼肉的出口价格要高很多，但基本与其鱼翅出口价格持平。此外，每年从中国进口 95 t，进口额 640 万美元，单价极高，达到 67 美元/kg，表明这些进口事实上应该是鱼翅。印度尼西亚和新加坡方面，年均分别进口 38 t 和 43 t，进口额 160 万美元（42 美元/kg）和 86.8 万美元（20 美元/kg）。来自加拿大的鲨鱼肉占进口总量的 16％，每年 152 t，但只占总额的 3％，为 41.6 万美元（3 美元/kg）。

日本 2012 年从 4 个国家进口鳐和魟。主要来自中国，占进口总量的 80％，总额的 8％。排在第二的是美国（162 t，33.4 万美元），其次是越南（159 t，58 万美元）和新西兰（17 t，6.7 万美元）。

（四）国内贸易和市场

2004 年日本的鲨鱼利用报告显示，日本不同地区有多种鲨鱼产品。国内消费利用的鲨鱼肉包括日本北部的狗鲨鱼片、中部沿海的腌制和干燥大青鲨和长尾鲨肉零食以及广岛县的长尾鲨和灰鲭鲨鱼肉刺身。鲨鱼肉也被广泛用于鱼糕制品如鱼糜，有些证据表明 100％鲨鱼肉（大青鲨或尖吻鲭鲨）制作的鱼糜是一种优质产品。也有一些公司会加工 40 kg 重的冷冻灰鲭鲨鱼片，然后出口往意大利和西班牙，以鱼排的形式消费掉，这些公司每年可以生成 240 t 鲨鱼肉片。其他鲨鱼制品包括油炸狗鲨头和卵黄、大青鲨肉制成的调料（每年可以利用 100 t 大青鲨）和用于医用软骨素生产的鲨鱼软骨（Nakamura，2004）。

最著名的鲨鱼肉区域市场是气仙沼市和吉盛村（Gilman et al.，2007）。2006 年对这两个港口的调查显示，大青鲨肉的单价为 1.70~2.10 美元/kg，长尾鲨 250 美元/条，尖吻鲭鲨 50 美元/条。气仙沼市区域的很多沿岸加工厂在 2011 年 3 月都被海啸摧毁，重新开启了多少未知。在海啸之前，气仙沼市曾经处理了日本国内 90% 上岸鲨鱼渔获。

统计出的鲨鱼肉单价（未区分种）显示，2011 年鲨鱼肉的平均价格为 1.55 美元/kg。同期，气仙沼市（有广泛的鲨鱼肉消费）冷藏鲨鱼肉单价为 4.9 美元/kg（Clarke et al.，2013）。气仙沼市延绳钓船开始以鲨鱼为目标（Clarke et al.，2011），虽缺少鲨鱼消费统计数据，但仍可判断日本的消费在下降，因为全国范围内的喜好倾向于肉类而非海产品（Gadda et al.，2010）。

十、新西兰

新西兰是一个主要的大洋种和底栖种鲨鱼生产国，也是一个重要的高价值鲨鱼肉出口国。就全世界而言，新西兰是第 14 大鲨鱼生产国和第 9 大出口国，主要向澳大利亚和韩国出口整只或去骨切片的冷冻和新鲜鲨鱼肉。新西兰的国内鲨鱼肉消费应该在每年4 500~5 500 t。2000—2011 年，平均每年出口鲨鱼肉 3 697 t，出口额 1 340 万美元。各种类型的鲨鱼肉出口价格在 21 世纪初后稳定增长，而总量维持稳定。

（一）概况

新西兰主要生产和出口大洋种和底栖种鲨鱼，其中底栖种占了较大比例。2000—2011 年年均出口量为 3 697 t，位列第九。不过，新西兰的出口单价较高，所以出口额平均每年1 340 万美元，全球排第三。新西兰出口单价相对较高是因为高价值种类的比例较高，如白斑角鲨、黑纹银鲛、叶吻银鲛和翅鲨。此外，出口中有很大比例是高价值鱼片（图 3-82）。参照 2000—2012 年的全部数据，年出口量稳定在 3 650 t（1 460 万美元），其中翅鲨肉占总量的 15%（总额的 28%），银鲛占总量的 22%（总额的 19%），鳐和魟占总量的 10%（总额的 6%），狗鲨（白斑角鲨等）占总量的 42%（总额的 29%），其他鲨鱼种类占 11%（总额的 18%）。"冷冻，非鱼片"鲨鱼肉占总量的 51%（总额的 32%）；"新鲜或冷藏，非鱼片"占总量的 10%（总额的 15%）；"冷冻，鱼片"占总量的 38%（总额的 52%）；"新鲜或冷藏，鱼片"占总量的 1%（总额的 1%）。所有类型和种类的产品单价都在上涨，2012 年总体单价为 6.4 美元/kg，相比 2000 年增长了 180%。因此，尽管出口量维持稳定，但鲨鱼肉的出口总额同期增长了 183%，到 2012 年达到了 2 300 万美元。同期，新西兰 2000—2011 年的鲨鱼产量稳定在每年 1.774 9 万 t。新西兰最重要的鲨鱼渔业都受到配额管理，所有主要种类的捕获量同期维持稳定。新西兰鲨鱼的捕获产量数据比较详细，可以辨别出最重要的鲨鱼渔业目标种：白斑角鲨、翅鲨、新西兰鳐、新西兰星鲨、银鲛。

2012 年以前，新西兰只报告鲨鱼肉出口，但是主要进口方（加拿大、中国、印度尼西亚、马来西亚、新加坡和中国台湾）的统计显示，2000—2011 年新西兰平均每年出口约 108 t（220 万美元）鱼翅。尚不清楚新西兰官方是否将这些鱼翅记录在鲨鱼肉或更集成的分类中。2012 年，对鱼翅引进了新的 HS 编码，新西兰记录有 60 t（140 万美元）鱼翅出口中国香港和新加坡。

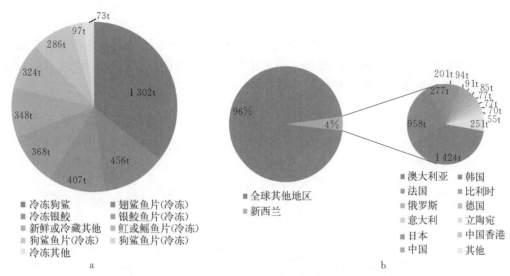

图 3 - 82　2000—2011 年（平均）新西兰的鲨鱼肉贸易情况

a. 出口类型　b. 出口主要目的地

（二）出口

澳大利亚是新西兰鲨鱼肉最重要的出口市场（图 3 - 83 至图 3 - 86）。2000—2012 年每年出口 1 445 t，占出口总量的 40%，年均出口额 930 万美元，占总出口额的 64%。出口额较高是因为高价值的"冷冻，鱼片"（总量的 67%）和"新鲜或冷藏，非鱼片"（总量的 25%）鲨鱼肉比例较高。在种类占比方面，对澳大利亚的出口中有 35% 的翅鲨、18% 的银鲛、21% 的狗鲨和 26% 的其他鲨鱼。出口澳大利亚的所有鲨鱼种的产品单价在2000—2012 年稳定增长，总体单价 2012 年为 9.3 美元/kg，比 2000 年高出 123%。2000—2012 年对韩国的出口占了总量的 26%，年平均 949 t（77.4 万美元），总量维持稳定。相比澳大利亚，出口韩国的主要是"冷冻，非鱼片"产品（总量的 89%）和"冷冻，鱼片"（总量的 11%）。狗鲨占了总量的 86%，其余为鳐和魟，后期鳐和魟比例有所上升。出口单价相比澳大利亚较低，但也在稳定增长，在 2000—2012 年几乎翻了 5 倍。对日本

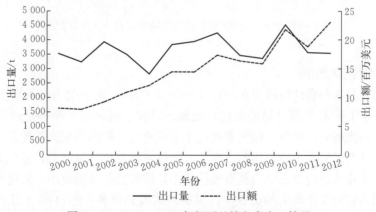

图 3 - 83　2000—2012 年新西兰鲨鱼肉出口情况

的出口占了出口总量的 7%，年平均 270 t（53.4 万美元），但出口量呈下降趋势，2012 年为 182 t（57 万美元）。法国和俄国分别占了 5%（187 t 美元）和 3%（111 t），出口额分别为 43.9 万美元和 31.7 万美元。新加坡和中国香港从新西兰进口的高价鲨鱼肉比较多，年平均分别为 74 t（94 万美元）和 28 t（56 万美元）。这些记录都在特定种类的非鱼类目录下，很可能完全涵盖了鱼翅出口。

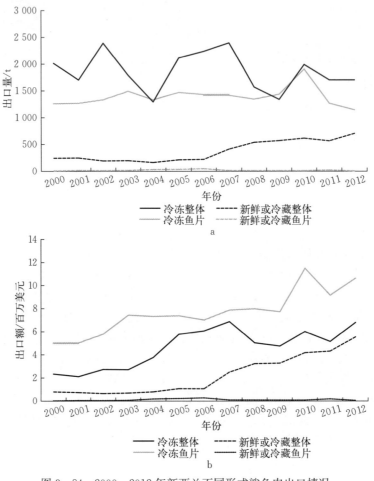

图 3-84　2000—2012 年新西兰不同形式鲨鱼肉出口情况
a. 出口量　b. 出口额

（三）国内贸易和市场

新西兰国内每年消费的板鳃类鱼肉在 4 500～5 500 t，其中鲨鱼肉占 80%～85%。国内消费估计基于上岸量与出口量的对比，银鲛、翅鲨、鳐和魟等种类是国内市场上的主要种类。但国内市场对白斑角鲨的消费增加了不确定性。新西兰配额管理系统对白斑角鲨记录总死亡率（即丢弃加上岸）而非上岸比。所以，虽然出口量已知，实际上岸量难以评估。不过，白斑角鲨不包含在国内消费的估计中，该种类的贡献较小。其他种类也不包括在估计中，因为它们在市场上的量很少，包括灰鲭鲨和鼠鲨。2014 年 1 月，新西兰的鲨鱼肉市场批发单价为 1.2～5.0 美元/kg。

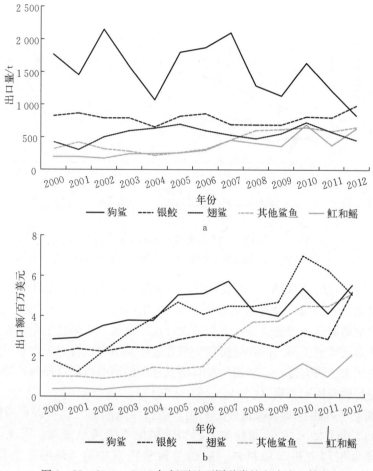

图 3 - 85　2000—2012 年新西兰不同种类鲨鱼肉出口情况
a. 出口量　b. 出口额

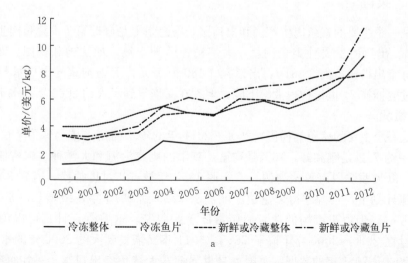

a

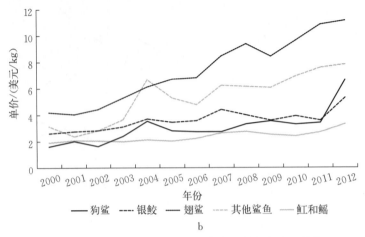

图 3 - 86　2000—2012 年新西兰各类型鲨鱼肉出口单价

a. 不同形式鲨鱼肉出口单价　b. 不同种类鲨鱼肉出口单价

新西兰政府发布的 NPOA - 鲨鱼最新版，声明在 2015 年 10 月 1 日前禁止除大青鲨外所有鲨鱼种类的割鳍行为，大青鲨割鳍则在 2016 年 10 月 1 日之前消除。执行细节已公告。新西兰对割鳍的禁令可能会导致更多的大青鲨、鼠鲨、灰鲭鲨上岸并加入国内消费市场，或更多鲨鱼被整只丢弃。渔业捕捞在配额管理体系下可以自由上岸整只胴体，但可能难以找到鱼肉买家。研究显示，新西兰没有整只鲨鱼的消费市场，而海外销售必须有足够的利润来弥补运输费用和关税（Clarke et al.，2013）。

整只鲨鱼上岸可能有助于鲨鱼肝的利用。新西兰鱼油加工商可以利用鲨鱼肝油生产角鲨烯、甘油二酯和欧米伽-3 脂肪酸，但当地供应不能满足需求。因此，须从塞内加尔、印度和印度尼西亚进口原材料。新西兰鲨鱼渔获中有 1% 用于鱼肝和肝油产品（Carson，2013）。

十一、美国

美国是一个主要的鲨鱼肉生产国和出口国，在总量上是全球第 7 大鲨鱼肉生产国和第 8 大出口国。出口的主要种类是狗鲨，大多销往欧洲市场，如法国和德国。2000—2011 年，美国每年出口鲨鱼肉 3 861 t，出口额 1 180 万美元。美国狗鲨的出口量与捕捞量一致，由于过度捕捞 21 世纪初曾大幅下降，但现在又恢复到了大约 2000 年的水平。

(一) 概况

美国是一个主要的鲨鱼捕捞国，2000—2011 年的年均捕捞量排全球第 7 位（3.248 3 万 t）。其中约 75% 是鳐和虹，16% 是狗鲨，剩下的则是沿海和大洋种。狗鲨捕捞量同期稳定下降。以大西洋白斑角鲨为例，该资源 1998 年被宣布过度捕捞，直到 2008 年在配额管理重建计划下，资源才得以重建。配额从 2008 到 2013 年逐级增长（从 18 万 t 增长到 180 万 t），但由于市场低迷，捕捞量低于此限制。这些管理计划可以说明为什么狗鲨捕获量在 2000—2006 年下降了 78%，2011 年又恢复到大约 2000 年的水平。

根据 2000—2011 年的数据，美国也是世界第八大鲨鱼肉出口国，平均每年 3 861 t，

占全球总量的 4%。出口额相对较高，排在第六位，每年 1 180 万美元，占全球总额的
4%。2000—2012 年，狗鲨占了出口总量的 64%，出口总额的 72%，而未辨别鲨鱼占了
剩下部分。约有 2/3（总量的 65%，总额的 62%）是"冷冻，未切片"产品，"新鲜或冷
藏，未切片"产品占了剩下的 1/3。

根据 2012 年的编码系统，WCO 规定将按照"鳐和魟"编码记录而非集成分类，美
国 2012 年鳐和魟的出口量为 5 240 t，出口额 1 800 万美元，占出口总量的 77%（总额的
66%），其中有"冷冻，未切片"鳐，余下的则是"新鲜或冷藏，未切片"鳐（图 3 - 87）。
这些出口包含在鲨鱼、鳐和魟出口统计中，而美国也成为全球总量第三大、总额第二大
的软骨类出口国（以 2011 年数据为基线）。2000—2011 年美国鲨鱼肉的平均进口量为 1
290 t，进口额 320 万美元。这些进口基本是狗鲨和其他种各占一半，主要是"新鲜或冷
藏，未切片"形式。不过，进口量在 2000 年后大幅下降，2012 年美国鲨鱼肉的进口量为
156 t，进口额 50.9 万美元。

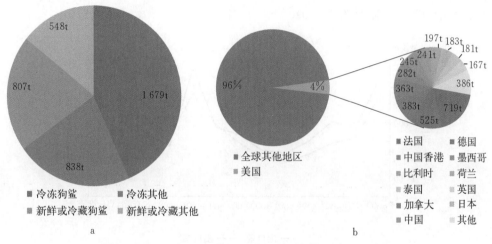

图 3 - 87　2000—2011 年（平均）美国的鲨鱼肉贸易情况
a. 出口类型　b. 出口主要目的地

（二）出口

欧盟是美国鲨鱼肉出口最重要的单一市场，其中法国和德国是主要目的地。2000—
2012 年，法国平均每年从美国进口鲨鱼肉 734 t，进口额 260 万美元。这些出口几乎都是
冷冻和"新鲜或冷藏"狗鲨，平均有 42% 的"新鲜或冷藏"和 58% 的冷冻产品。输往法
国市场的出口单价在 2000—2012 年增长了 44%。德国方面，未切片的狗鲨肉占了出口的
95%，平均每年 511 t；其他鲨鱼种，同样是未切片，占了剩下部分。其中，平均每年有
89% 是冷冻形式，剩下的则是"新鲜或冷藏"。出口额平均每年为 140 万美元，两者所占
比例相同。不过，德国的鲨鱼产品市场在萎缩，量价齐跌，2012 年下降到 335 t，出口额
99.3 万美元。荷兰是另一个美国高价值狗鲨肉的出口市场，平均每年 204 t，出口额 92.9
万美元。欧洲市场主要从美国进口狗鲨肉，加拿大则主要进口其他鲨鱼种。2000—2012
年，加拿大每年进口总量的 98%（365 t）和总额的 98%（88.9 万美元）由其他未知鲨

鱼种组成。对中国香港的出口，尽管每年会有较大变化，但总体上是由 6 种分类组成，平均每年 360 t，其中其他种占 64％，狗鲨占 36％；总额 110 万美元两者分别占 55％和 45％。鉴于中国香港 2007—2011 年不记录冷冻鲨鱼肉进口，这些出口事实上是鱼翅。其他主要的出口目的地有比利时（246 t，69.8 万美元）、英国（180 t，64.4 万美元）和泰国（196 t，49.7 万美元），此外墨西哥也进口了相对大量的其他种类（287 t，47.1 万美元）。

2012 年，美国鳐和魟出口最重要的目的地是韩国。出口量为 1 786 t，出口额 630 万美元，占出口总量的 34％，总额的 35％。出口全部都是"冷冻，未切片"形式。第二重要的目的地是法国，占出口总量的 32％和总额的 33％。在量上，出口法国的 68％是"冷冻，未切片"鲨鱼肉（总额的 55％），而"新鲜或冷藏，未切片"产品占了剩下部分。英国排第三，占出口总量的 8％和总额的 12％。出口英国的鳐和魟约有 85％（总额的 89％）是"新鲜或冷藏，未切片"形式。按出口量排列，排在英国之后的是中国（400 t，46.9 万美元），比利时（240 t，63.1 万美元），加拿大（161 t，56.4 万美元）和荷兰（159 t，88.9 万美元）（图 3-88 至图 3-90）。

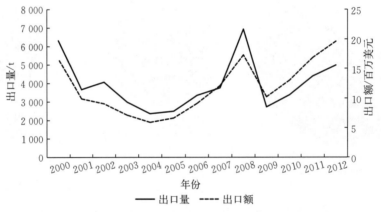

图 3-88　2000—2012 年美国鲨鱼肉出口情况

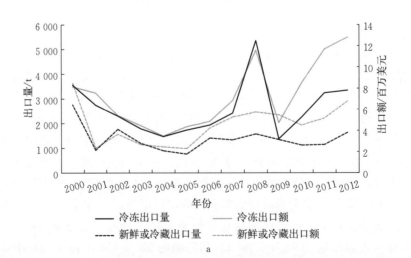

a

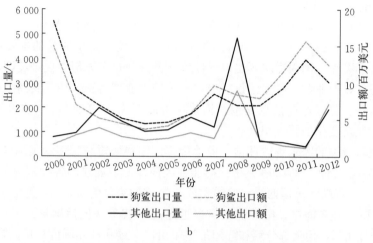

b

图 3 - 89　2000—2012 年美国各类型鲨鱼肉出口情况

a. 不同形式鲨鱼肉出口情况　b. 不同种类鲨鱼肉出口情况

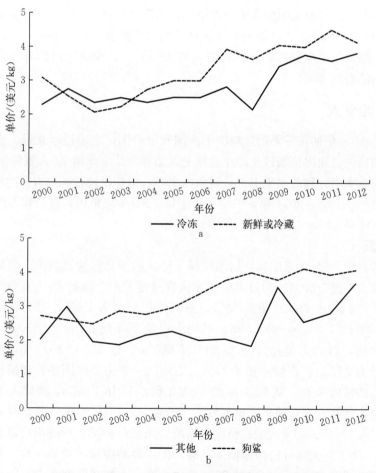

图 3 - 90　2000—2012 年美国各类型鲨鱼肉出口单价

a. 不同形式鲨鱼肉出口单价　b. 不同种类鲨鱼肉出口单价

（三）国内贸易和市场

美国软骨类产品进口量相对较低，但捕捞量和出口量之间差异巨大（至少相差几千吨），说明有大量的软骨类鱼肉被国内消费。狗鲨占了美国鲨鱼捕捞的主要部分，产业信息显示欧洲市场萎缩，国内需求不足以支撑渔业。这使得多方努力促进美国消费者尝试消费狗鲨肉。另外，产业和一些立法议员也要求美国农业部将狗鲨纳入其商品消费计划，继而刺激国内消费。美国产业信息显示，狗鲨单价低至 0.22 美元/kg，这也说明鲨鱼产品的出口对渔业经济变化的影响很大。

虽然其他软骨类的需求难以评估，但单价应该比狗鲨要高很多。美国国家海洋和大气管理局（NOAA）统计了 2013 艘大型捕捞船在大西洋商业捕捞的各种鲨鱼单价，在 0.6～3.96 美元/kg。零售端，美国西海岸灰鲭鲨或长尾鲨的售价为 22～44 美元/kg，鳐和魟翅22～33 美元/kg。在东海岸，鳐的捕获量最近超过了鲨鱼（包括狗鲨）。虽然这些捕捞中很多都用于龙虾饵料，但大部分鳐和魟翅都用于出口，鳐和魟翅国内售价高达 22 美元/kg，牛鼻魟的售价可达 17.6 美元/kg。星鲨在纽约和北卡罗来纳州都是渔业目标种，但数据很少。

越来越多的鲨鱼保护组织要求消费者抵制鲨鱼肉和鱼翅产品。同时，大西洋狗鲨渔业获得 MSC 的可持续认证，正在努力扩展该种类的国内消费市场。另外，切萨皮克湾区域的消费者被鼓励食用牛鼻魟以防止其种群出现大爆发。但没有客观的方法来评价这些活动对美国国内消费的影响。

十二、加拿大

加拿大在 21 世纪初是重要的鲨鱼肉生产国和出口国，之后持续衰退，现在已大幅减小。加拿大的国内鲨鱼肉市场较小。在总量上，加拿大是全球第 22 大鲨鱼生产国，第 11 大出口国。加拿大不在种的水平上记录鲨鱼肉出口，但捕捞统计和出口目的地显示出口的主要种类是狗鲨。2000—2011 年，平均每年进口 2 918 t 鲨鱼肉，进口额 840 万美元。狗鲨捕捞量的下降是 21 世纪初出口量下降的主要原因。

（一）概况

加拿大的鲨鱼产量 21 世纪初之后便持续下降，因而其作为鲨鱼肉（鱼翅）出口国的地位也在下降。不过，2000—2011 年，加拿大在总量上是全球第 11 大鲨鱼肉出口国，平均每年出口 2 918 t（占全球总量的 3%）；总额位列全球第 15 位，平均每年 840 万美元（占全球总额的 4%）。2000—2012 年，平均出口量下降到 2 730 t（830 万美元），其中2012 年出口 336 t（150 万美元），比 2000 年下降了 89%。2000—2011 年，鲨鱼、鳐和魟的年均捕捞量为 9 732 t，产量下降了 75%。下降的一个主要原因是狗鲨捕捞量下降，狗鲨占了同期总产量的 59%，从 2000 年的 7 524 t 到 2011 年 1 086 t，下降了 86%。由于狗鲨渔业的衰退，加拿大渔获种类的组成发生了改变，2011 年渔获主要是魟、黄貂鱼和蝠鲼（3 235 t，占 64%）。加拿大的鲨鱼肉贸易统计未区分种类，所有出口都记录为"狗鲨和其他鲨鱼"。考虑到大部分目的地都在欧洲，出口种类应该主要是狗鲨。统计会区分冷冻和"新鲜或冷藏"鲨鱼肉。出口的 72% 是"冷冻，未切片"鲨鱼肉，28% 是"新鲜或冷藏，未切片"产品，而两者的出口额比例分别为 89% 和 11%（图 3-91）。

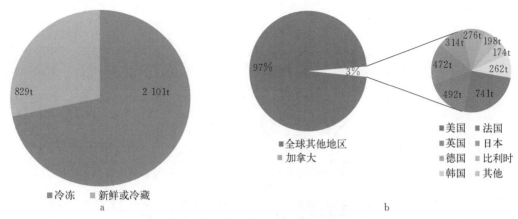

图 3-91　2000—2011 年（平均）加拿大的鲨鱼肉贸易情况
a. 出口类型　b. 出口主要目的地

（二）出口

2000—2012 年，在出口总量方面，美国是加拿大最重要的市场。年均 688 t 的出口量中，94% 是"新鲜或冷藏，未切片"鲨鱼肉。这种产品的单价为 1.2 美元/kg，相对其他加拿大鲨鱼肉产品单价要低很多，平均每年出口额 83.3 万美元。不过，同期出口量下降到几乎为零，2012 年的 56 t 相比 2000 年下降了 96%。出口额方面，最大的出口市场是欧洲，包括德国、英国和法国。加拿大平均每年向德国出口鲨鱼肉 259 t，出口额 150 万美元，几乎都是"冷冻，未切片"产品。对德国的出口 2004 年达到 552 t（330 万美元）峰值，但之后大幅下降，2011 年和 2012 年分别只有 2 t 和 60 t。对法国和英国的年均出口分别为 458 t（130 万美元）和 441 t（150 万美元）。两者的变化趋势一致，2003 和 2004 年达到峰值，此后下降到 2012 年很低的水平。日本是另一个重要的"冷冻，未切片"鲨鱼肉出口目的地，年均 291 t，出口额 97.9 万美元。不过，和其他国家一样，在 2008 年下降到接近零。

加拿大鳐的出口，首次在 WCO 新引进的 HS 编码下记录是在 2012 年，共 446 t，出口额 150 万美元。几乎所有出口都是冷冻形式，主要出口往韩国（图 3-92 至图 3-94）。

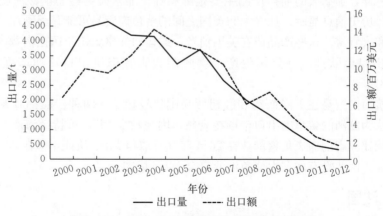

图 3-92　2000—2012 年加拿大鲨鱼肉出口情况

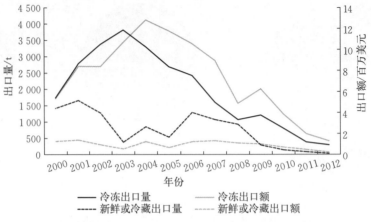

图 3-93 2000—2012 年加拿大各类型鲨鱼肉出口情况

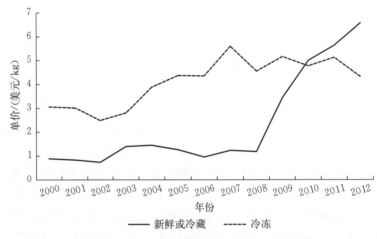

图 3-94 2000—2012 年加拿大鲨鱼肉出口单价

(三)国内贸易和市场

和美国一样,加拿大的捕捞产品主要是鳐和魟。加拿大曾经的鼠鲨渔业因管理措施加强而减少。历史信息显示,加拿大和美国之间的鲨鱼肉贸易可能是美国加工的狗鲨、鼠鲨、灰鲭鲨和大青鲨。这些产品或在美国消费,或运回加拿大用于国内消费,或将某些高价值的鼠鲨出口至欧洲。有公司生产干燥腌制大青鲨肉饼出口往西印度群岛和非洲(Rose,1998)。

加拿大鲨鱼肉贸易在下降而鳐和魟翅贸易则比较稳定,两种产品都有庞大的国内市场。有专家认为欧洲的鲨鱼肉出口市场在衰减,因为缺少 MSC 可持续海产品认证。加拿大不列颠哥伦比亚省的白斑角鲨渔业在 2011 年 9 月取得 MSC 认证,但在 2013 年 10 月主动暂停了认证。因此没有加拿大鲨鱼渔业符合 MSC 标准。

十三、法国

法国是一个主要的鲨鱼肉消费市场,除了国内渔获之外还有进口补充。法国是世界第

12 大鲨鱼生产国和第 8 大进口国。进口的主要是狗鲨，其中大部分来自美国和加拿大。法国也向意大利出口少量的高价值狗鲨和其他种类混合的鲨鱼肉。2000—2011 年，法国平均每年进口鲨鱼肉 3 996 t，进口额 1 250 万美元；平均每年出口鲨鱼肉 1 344 t，出口额 730 万美元。法国的鲨鱼肉贸易基本持平，但单价在稳定增长。

（一）概况

基于 2000—2011 年的年均捕捞量，法国是全球第 12 大鲨鱼生产国，每年达到 2.089 1 万 t。这些渔获中约有 51％是狗鲨（包括星鲨和猫鲨），而鳐和虹约占总量的 40％。法国鲨鱼、鳐和虹的捕捞量 2000 年后便在下降，2011 年的 1.636 3 万 t 是有记录以来的最低值。

根据 2000—2011 年的数据，法国在总量上是全球第 8 大鲨鱼肉进口国；在总额上是第 7 大鲨鱼肉进口国。同期年均进口 3 996 t，占全球总量的 4％，总额 1 250 万美元（5％），2003 年后年进口量下降，但之后维持稳定。在所有记录为"鲨鱼"的进口中，狗鲨占了 2000—2012 年总量的 71％（总额的 67％），鼠鲨占了总量的 1％（总额的 1％），其他鲨鱼占了总量的 28％（总额的 32％）。进口中，总量的 88％（总额的 86％）是非鱼片的形式，剩下的则是鱼片。冷冻鲨鱼肉占了总量的 69％（总额的 63％），而"新鲜或冷藏"则占了剩下的 31％。进口平均单价在 2000—2012 年增长了 57％，达到 3.7 美元/kg，大体与同期全球鲨鱼肉单价的增长一致（2000—2011 年增长 59％）（图 3-95）。

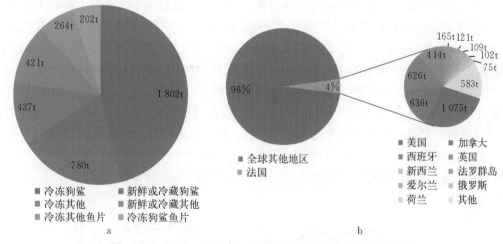

图 3-95 2000—2011 年（平均）法国的鲨鱼肉贸易情况
a. 进口类型 b. 进口主要来源

法国也出口鲨鱼肉，2000—2011 年平均每年出口 1 344 t（740 万美元），这令其成为全球总量第 17 大鲨鱼出口国和总额第 10 大鲨鱼肉出口国，占全球出口总量的 1％，总额的 3％。根据 2000—2012 年法国海关数据，出口在总量上有 63％是其他鲨鱼（总额的 61％），还有 36％的狗鲨（总额的 37％）和 1％的鼠鲨（总额的 2％）。出口鲨鱼肉中总量的 85％（总额的 92％）是"新鲜或冷藏"形式，剩下的则是冷冻形式。几乎所有出口都是未切片的而非鱼片。同期法国鲨鱼肉出口的平均单价为 5.6 美元/kg，反映出其中高价值的"新鲜或冷藏"产品比例较高。

2012 年，根据 WCO 对 HS 编码的改变，鳐和魟开始用专属商品分类来记录。法国报告进口鳐和魟 3 985 t，进口额 1 540 万美元，其中总量的 70%（总额的 69%）是冷冻鳐和魟，而剩下的则是"新鲜或冷藏"产品。法国鳐和魟的出口很少。

（二）进口

2000—2012 年，来自美国的鲨鱼肉占了法国进口总量的 29%（每年 1 110 t），总额的 30%（370 万美元）。进口鲨鱼肉几乎都是狗鲨，主要是"冷冻，未切片"形式。因此，进口总量的变化非常符合美国狗鲨渔业先下降又恢复的趋势，即 2004 年降到 321 t，后期又增长回之前的水平。同期来自美国的鲨鱼肉平均进口单价为 3.3 美元/kg。相比美国，西班牙供应法国市场的主要是非狗鲨种的鲨鱼肉。同期每年来自西班牙的进口鲨鱼肉为 606 t，占总量 16%；年均进口额为 230 万美元，占总额的 19%，来自西班牙的进口在 21 世纪初的增长补偿了美国的下降。总量中 69%（总额中 73%）是"其他种"鲨鱼，而 27% 的则是狗鲨。虽然西班牙船只主要捕捞大青鲨，但尚不清楚会落入以上哪种分类。85% 的进口量（进口额的 84%）是整只鲨鱼，71% 是冷冻产品（进口额的 63%）。2000—2011 年法国鲨鱼肉在总量上的第三大来源是加拿大。每年从加拿大进口 591 t（15%），进口额 160 万美元（13%）。这些进口主要是"冷冻，未切片"狗鲨，随着加拿大狗鲨产量下降而下降。2012 年，法国从加拿大进口了 50 t 鲨鱼肉，相比之下 2000 年为 694 t。进口额上，英国是同期第三大进口来源，每年 160 万美元占总进口额的 13%，401 t 占总进口量 10%。总量中 65%（总额的 62%）是狗鲨，而 34%（总额的 38%）是其他鲨鱼。几乎所有来自英国的进口鲨鱼肉都是"新鲜或冷藏，未切片"产品。新西兰同期也向法国出口了大量鲨鱼肉，每年 152 t，进口额 38.2 万美元，但 2002 年后稳定下降，2012 年降到零。一些国家增加了对法国的出口量，包括新西兰以及比例较低的越南。

2012 年法国鳐和魟的进口主要来自美国，有 1 691 t，进口额 710 万美元，占进口总量的 42%，总额的 46%。进口量中 66% 是冷冻产品，同样占总额的 66%，而剩下的则是"新鲜或冷藏"产品。阿根廷是第二大进口来源，占了总量的 23% 和总额的 21%，全是冷冻产品。排在第三位的是英国，占总量的 9%，总额的 8%，主要是"新鲜或冷藏"产品；其次是葡萄牙，占总量的 6% 和总额的 7%，全是冷冻产品（图 3-96 至图 3-98）。

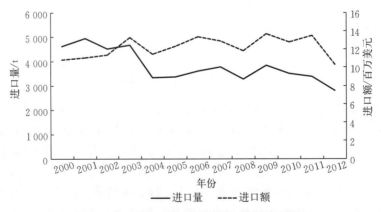

图 3-96　2000—2012 年法国鲨鱼肉进口情况

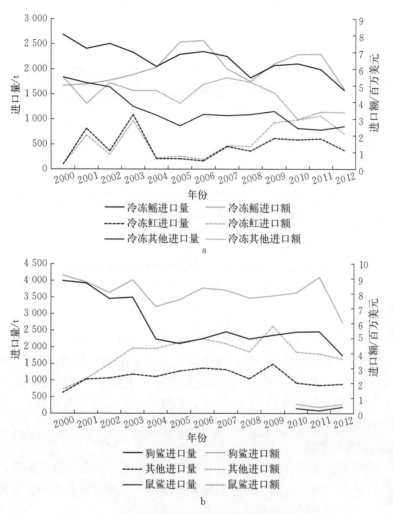

图 3 - 97　2000—2012 年法国各类型鲨鱼肉进口情况

a. 不同形式鲨鱼肉进口情况　b. 不同种类鲨鱼肉进口情况

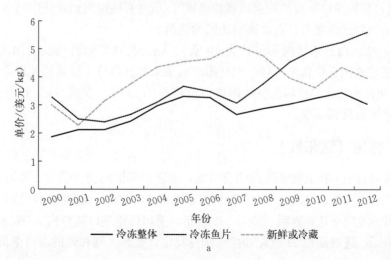

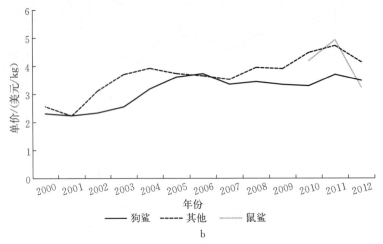

图 3-98 2000—2012 年法国各类型鲨鱼肉进口单价

a. 不同形式鲨鱼肉进口单价 b. 不同种类鲨鱼肉进口单价

（三）出口

意大利是法国鲨鱼肉出口的主要目的地，2000—2012 年占出口总量的 73%（每年 1 024 t），总额的 81%（640 万美元）。在出口量上，输往意大利的产品有 36%（总额的 37%）的狗鲨和 63%（总额的 60%）的其他鲨鱼种，主要是"新鲜或冷藏"形式。西班牙排在第二位，同期占总量的 11%（159 t），总额的 7%（52.5 万美元）。不过，法国对西班牙的出口同期一开始便在下降，2012 年下降到 41 t（23 万美元）。

（四）国内贸易和市场

法国是一个主要的鲨鱼肉消费市场，特别是白斑角鲨、斑点狗鲨、星鲨、灰鲨和鼠鲨（Vannuccini，1 999）。每年捕捞产量和贸易数据显示，法国国内消费的鲨鱼和鳐主要来自其鲨鱼捕捞业。进口补充供应的情况更多发生在鳐和魟中。

鲨鱼肉在商店、超市和大型超市作为廉价海产品广为销售。用于销售的名称包括"白斑角鲨""鼠鲨和灰鲭鲨"和"斑点狗鲨和星鲨"。虽然有些组织倡议法国超市停止销售鲨鱼肉，但尚不清楚这些努力是否会影响法国的销量。

2010 年，法国白斑角鲨肉的单价为 10 欧元/kg。其软骨和肝也从美国出口至法国，用于医药。虽然法国有鼠鲨肉市场，但是需求水平未知且贸易主要是同西班牙和意大利开展。2013 年初，输往欧盟市场的鼠鲨肉进口价格在 1.8～5.0 美元/kg，这意味着单价相比前些年的水平要降低不少。

十四、韩国（鳐和魟）

韩国是全球首屈一指的鳐和魟肉消费市场，由进口和国内捕捞供应。韩国是世界第 11 大鲨鱼生产国和主要的进口国之一。韩国从很多国家进口鲨鱼、鳐和魟肉，其中鳐类主要来自南美洲，特别是阿根廷和智利。2000—2011 年，平均每年进口鲨鱼肉 2.065 6 万 t，进口额 4 390 万美元。进口量在 21 世纪初之后维持稳定，鲨鱼、鳐和魟的进口单价稳定增长。

（一）概况

　　2000—2011 年韩国是年均鲨鱼类产品（除鱼翅之外）进口量最大的国家。不过，本书将其与其他鲨鱼产品市场区分开来，因为韩国进口的主要是鳐类而非真正的鲨鱼肉。这点很重要，可能会导致韩国的相对重要性被高估，韩国整个时期对鳐和魟肉采用单独编码，而本书涉及的很多国家要么没有鳐和魟肉的贸易报告（集成商品分类可能包含鳐和魟肉），要么 2012 年才引入编码。

　　2000—2011 年，韩国平均每年进口鲨鱼肉（鳐类）20 656 t，进口额 4 390 万美元，占全球鲨鱼肉进口总量的 19%，总额的 18%（图 3-99）。这段时期的进口量相对稳定，但 2000—2012 年单价大幅上涨令总额增长了 181%，2012 年为 7 350 万美元。韩国海关不区分鳐和魟种类，尽管有两个不同的商品编码，即"冷冻鳐"和"冷冻魟"。2000—2012 年两组占总进口量的比例分别为 46%（进口额占 52%）和 39%（进口额占 34%）。剩下的几乎都是"冷冻，未切片"鲨鱼肉和少量的鲨鱼油。不同商品组所占的相对比例基本稳定，但 2005 年开始"冷冻鳐"的进口单价超越"冷冻魟"，导致总额上升。总体上，"冷冻鳐"是更有价值的产品，2000—2012 年平均价格为 2.7 美元/kg，而"冷冻魟"则为 2 美元/kg。2000—2011 年韩国是全球第 19 大软骨鱼类生产国，每年产量 12 399 t。这些产品中 84% 被列为"魟、刺魟、蝠鲼"，剩下的则被记为集成组"鲨鱼、鳐、魟等"。韩国出口少量的鲨鱼肉，2000—2012 年平均每年出口 802 t（110 万美元），出口总量在同期快速增长，2012 年达到 2 624 t，出口额 270 万美元。这些出口全部是鲨鱼，而非鳐类，记录为"冷冻狗鲨和其他鲨鱼"。

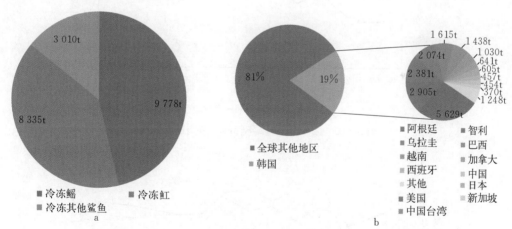

图 3-99　2000—2011 年（平均）韩国的鲨鱼肉贸易情况
a. 进口类型　b. 进口主要来源

（二）进口

　　阿根廷是韩国最大的鳐和魟供应国。2000—2012 年每年向韩国出口 5 720 t，进口额 1 360 万美元。"冷冻鳐"和"冷冻魟"进口量各占一半。进口额上，两者分别占 54% 和 46%。2007 年达到峰值之后，进口量比较稳定，2012 年的 6 814 t 相比 2000 年增长了 124%。两种产品的进口额在 2005 年后稳定增长，2012 年的 2 410 万美元比 2000 年高出 5 倍多。阿根廷之后，智利是另一个重要的进口来源，平均每年 2 826 t（760 万美元）。除去很少量的其他类别，来自智利的进口全部是"冷冻鳐"。来自智利的进口量同期稳定下降，2012年1 870 t相比2000年下降了54%，而进口额同期增长了16%，2012年为840万美元。智利的报道称该国鳐和魟产品（鱼翅和鱼肉）98%都出口往韩国。来自美国的产品占韩国进口总量的11%、总额的16%，每年2 391 t，进口额660万美元。进口量的54%是"冷冻鳐"，46%是"冷冻魟"。进口额方面，66%是"冷冻鳐"，34%是"冷冻魟"。虽然总量每年基本维持稳定，但来自美国的产品进口单价与阿根廷和智利一样，在13年里稳定增长。2012年单价4.7美元/kg，相比2000年上涨了220%。巴西和乌拉圭排在美国之后，每年出口1 625 t（340万美元）和2 000 t（310万美元）。来自巴西的进口全部是"冷冻魟"，而来自乌拉圭的进口77%为"冷冻鳐"（进口额占84%），剩下的则为"冷冻魟"。韩国另一个关键的进口来源是中国台湾，主要为"冷冻，未切片"鲨鱼肉。平均每年1 362 t，进口额230万美元。2009年以后进口量快速下降，2012年为449 t。越南是另一个重要的"冷冻魟"进口来源。每年来自越南的1 016 t产品中约有96%（进口额的95%，200万美元）是"冷冻魟"，其单价和韩国其他主要进口来源一样都在上涨（图3-100至图3-102）。

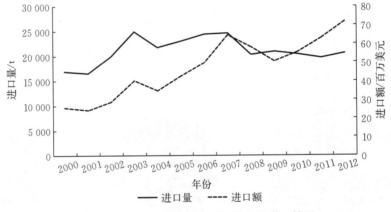

图3-100 2000—2012年韩国鲨鱼肉进口情况

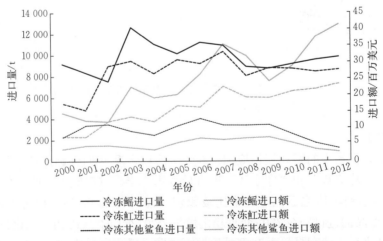

图3-101 2000—2011年韩国各类型鲨鱼肉进口情况

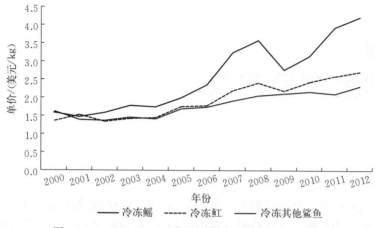

图 3-102　2000—2012 年韩国各类型鲨鱼肉进口单价

2000—2012 年，韩国冷冻鲨鱼肉（狗鲨和其他鲨鱼）出口的主要目的地是新西兰（122 t，19.9 万美元）、中国（117 t，11.3 万美元）、日本（36 t，12.4 万美元）和意大利（44 t，11.3 万美元）。

（三）国内贸易和市场

鳐和魟在韩国是传统食品，在海产品消费中非常流行。韩国市场每年鳐和魟的进口需求量为 8 000～10 000 t。此外还消化了大量的国内产品（每年超过 1.2 万 t，其中至少 84% 是鳐和魟）。一些报道显示，鳐和魟产品在冬天尤其受欢迎。

发酵鳐在韩国南方是传统、昂贵和流行的菜肴，作为生鱼片或炖菜食用。鳐也会被蒸制，一些报道指出鱼肉消费之前软骨会被保留，部分是因为人们认为软骨对关节炎和其他关节疾病有好处。小鳐的翅会被干燥，在酒吧作为小吃或在韩国和日本的便利店销售（Mitchell，1999）。尚不清楚韩国市场上的鳐产品和魟产品之间有何区别。

十五、阿根廷和智利（鳐和魟）

阿根廷是重要的鳐和魟生产国。2000—2011 年鳐和魟占阿根廷软骨鱼类产量的 58%。虽然这些捕捞统计可以精确到 25 个软骨种类，但鳐和魟主要还是被记录为集成分类"鳐、刺魟、蝠鲼"。在智利，鳐和魟捕捞量在国家数据中都被记录为该集成分类。2000—2011 年智利软骨鱼类每年 4 681 t 的捕捞量中有 62% 是鳐和魟。

阿根廷和智利作为全球市场上鳐和魟重要供应国的地位在 2012 年才有所凸显，此时 WCO 引进了两个新的 HS 编码，可以明确这两个种类的贸易，且分为"冷冻"和"新鲜或切片"形式。在新的商品分类下，阿根廷出口总量达到 9 939 t，总额 2 010 万美元，几乎都是"冷冻、未切片"鳐和魟。智利 2012 年出口 1 914 t，出口额 820 万美元，全部是"冷冻、未切片"形式。

阿根廷鳐和魟产品主要出口往韩国。2012 年，对韩国的出口量占了出口总量的 68%，总额的 71%。中国位列第二，占出口总量的 20%，总额的 14%。法国和日本排在第三和第四，分别占总量的 9% 和 1%，总额的 9% 和 3%。而智利的鳐和魟产品只向韩国出口。

第四章
其他鲨鱼产品贸易

关于肝脏或鱼肝油、鲨鱼或鳐皮、软骨、颚、蝠鲼或鳃耙等其他板鳃类产品的生产和贸易的数量资料极为有限。为了收集尽可能多的定性数据，作者在 2013 年通过在线调查咨询了 IUCN 鲨鱼专家小组的成员。在涉及 40 个国家贸易情况的调查中总共获得了 70 份答复，其中包括：澳大利亚（N＝8）、巴林、伯利兹、加拿大（N＝4）、智利、中国、克罗地亚、法国（N＝3）、法属波利尼西亚、德国（N＝2）、几内亚比绍、印度、印度尼西亚（N＝2）、伊朗、爱尔兰、意大利（N＝2）、日本（N＝2）、肯尼亚、科威特、黎巴嫩、马来西亚、毛里塔尼亚（N＝3）、毛里求斯、墨西哥、莫桑比克（N＝2）、新西兰、葡萄牙（N＝2）、卡塔尔、留尼旺岛、俄罗斯（N＝2）、塞拉利昂、南非（N＝2）、斯里兰卡、苏丹（N＝2）、瑞典、叙利亚、突尼斯、英国和美国（N＝8）。虽然信息的详细程度有所不同，但也显示了板鳃类产品的贸易多样性（表 4-1）。

表 4-1 40 个国家和地区肝或肝油、鱼皮、胴体、颚和鳃耙贸易的变化趋势

国家和地区	肝或肝油	鲨鱼皮	胴体	颚	鳃耙	备注
澳大利亚（N＝8）	√		√	√		澳大利亚没有蝠鲼鳃贸易
伯利兹	√	√	√	√		伯利兹有药用肝油销售
加拿大（N＝4）	√		√ （稳定）	√ （稳定）		不列颠哥伦比亚角鲨渔业为保健品产业提供干燥鲨鱼胴体，加工废料用于制作农业和园艺市场需要的水解液肥
智利	√	√ （稳定）	√	√		智利
中国	√ （下降）	√ （增长）	√ （稳定）	√ （稳定）	√ （稳定）	
哥斯达黎加						鱼翅、肝、肝油、胴体、颚和鳃耙在哥斯达黎加、斯洛文尼亚、波斯尼亚和黑塞哥维那、黑山或阿尔巴尼亚（东亚得里亚海）都没有贸易
法国（N＝3）	√ （稳定）	√ （稳定）	√ （增长）	√ （稳定）		鲛肝油是一种新产品，一张鳐原皮可以卖到300 欧元

（续）

国家和地区	肝或肝油	鲨鱼皮	胴体	颚	鳃耙	备注
法属波利尼西亚				√		该国境内禁止鲨鱼产品贸易，不过，外国的鲨鱼产品仍可销售
德国（N=2）	√	√	√	√		化妆品和制药会进口和使用鲨鱼油
几内亚比绍				√		由于捕获量大降，锯鳐颚较难获得，主要卖给游客
印度	√	√	√	√	√	肝或肝油通常出口，但也用于国内伤口和其他皮肤疾病的治疗，一些制药公司加工深海鲨鱼肝油。2006 年，角鲨烯的出口额是鲨鱼肉的两倍、鱼翅的 1/3。鲨鱼皮也出口，出口额是角鲨烯的 1/10。鳐皮制作皮包或钱包。当地贸易者会购买鳃耙以出口
印度尼西亚（N=2）	√（增长）	√（增长）	√（增长）	√	√（增长）	鲨鱼皮主要用于本国消费，但大型鲨鱼在某些地区会进行干燥并出口。肝油主要是传统使用并销往本地，但高品质产品偶尔会出口。鳃耙主要出口中国
伊朗						该国没有相关产品贸易，且波斯湾和阿曼海禁止鲨鱼捕捞
爱尔兰						胴体、颚等在爱尔兰的官方贸易未知
意大利（N=2）	√		√			
日本（N=2）	√	√	√	√		
肯尼亚	√			√		鲨颚可能会卖给游客，肝油用于独桅帆船建造和修理
科威特、巴林、卡塔尔						肝、皮、胴体和颚被丢弃
黎巴嫩				√		
马来西亚		√（下降）				国内没有肝油产品销售但有新鲜肝贸易；鳐皮出口泰国；颚在纪念品商店销售；胴体或鳃耙贸易没有信息，可能作为药物销售
毛里塔尼亚（N=3）		√（下降）	√			
毛里求斯		√（稳定）	√（稳定）	√（稳定）		除了销往中餐馆，本土销售的鲨鱼产品很稀少，颚每个售价 20 美元
墨西哥		√	√	√	√	
莫桑比克（N=2）				√	√	颚偶尔会卖给游客，需求和供应不多；肝和皮不利用；鳐捕捞主要是为了获取肉，鳃耙也用于出口

（续）

国家和地区	肝或肝油	鲨鱼皮	胴体	颚	鳃耙	备注
新西兰	√（稳定）					没有颚或鳃耙贸易
葡萄牙（N=2）	√					鲨鱼皮、胴体、颚和鳃耙商业价值较低，因此不太可能用于销售或出口
留尼汪岛	√	√	√	√（稳定）	√	鳃耙不贸易，颚单价要看种和尺寸
俄罗斯（N=2）	√（稳定）	√（稳定）	√（稳定）	√（稳定）		鲨鱼产品的需求和产量都较低
塞拉利昂						
南非（N=2）	√（下降）	√		√（增长）		肝贸易很有限，只在白鲨浅水业中作为诱饵使用，但该产业在减少；鲨鱼或鳐皮（剑柄）和胴体市场有限且不稳定；鲨鱼产品主要出口
斯里兰卡				√（稳定）	√（稳定）	虽然捕获量下降但需求似乎很稳定。鳐而非鲨鱼皮出口往印度；颚出口马尔代夫出售给游客；鳃耙和鱼翅一起销售和出口；干燥蝠鲼鳃板单价50~110美元/kg，干燥毯缸鳃盘单价90~190美元/kg
苏丹（N=2）		√	√	√		灰鲸鲨和虎鲨颚卖给游客，皮和胴体卖给境内中国商人（非出口），肝油有部分渔民会使用
瑞典						没有相关产品贸易
叙利亚		√（稳定）				
突尼斯						该国南部有小型的渔业。鳐捕获量占软骨类捕获总量的40%
英国						软骨鱼类的贸易整体保持稳定，但各个种有增减。鱼翅、胴体、皮、颚贸易未知。由于捕获局限于深海鲨鱼，肝的利用受到限制
美国（N=8）	√	√	√	√		在西海岸，颚的售价按不同种可以达每套100~1 000美元；角鲨肝油可以在营养品行业作为ω-3脂肪酸使用；内脏被转化成干粉或液体肥料

注：表中数据为该国所有调查参与者的综合回应，备注为特定受访者给出的信息。受访者人数大于1的国家和地区在第一列括号中给出。"√"表示该产品存在贸易，贸易变化趋势在括号中给出。

附录 1 2000—2011 年部分国家和地区鱼翅出口量估算

出口量由加拿大、中国内地（大陆）、中国香港、印度尼西亚、马来西亚、新加坡、中国台湾、美国等国家和地区的统计局或海关部门报告的进口量估算而来。数据并没有调整冷冻鱼翅的含水量。

进口资料来源（申报国家和地区）：

加拿大：加拿大统计局；

中国内地（大陆）：中国海关；

中国香港：香港特区政府统计处；

印度尼西亚：印度尼西亚统计局；

马来西亚：马来西亚统计局；

新加坡：新加坡国际企业发展局；

中国台湾：台湾"海关总署"；

美国：美国商务部统计局。

附表 1 2000—2011 年部分国家和地区估算的鱼翅出口数据

单位：t

出口方（来源）	报告方	2000年	2001年	2002年	2003年	2004年	2005年	2006年	2007年	2008年	2009年	2010年	2011年	平均
阿根廷	中国	0	0	0	5	0	44	39	5	25	19	0	0	11
	中国香港	41	25	28	69	56	96	153	136	185	170	191	122	106
	印度尼西亚	10	23	27	65	71	55	22	9	37	54	0	31	34
	马来西亚	0	0	0	0	0	0	1	0	2	0	0	0	0
	新加坡	0	0	0	0	10	22	35	38	30	15	22	9	15
	中国台湾	0	0	0	0	19	7	0	0	0	0	0	1	2
	美国	25	8	0	0	0	0	0	0	0	0	0	0	3
	合计	76	56	55	139	156	224	250	188	279	258	213	163	171
澳大利亚	加拿大	0	0	0	0	0	0	1	2	5	6	8	17	3
	中国	23	47	6	0	0	0	0	0	0	0	0	0	6
	中国香港	98	70	84	85	128	104	62	81	94	59	66	57	82
	印度尼西亚	0	0	3	1	1	1	0	5	0	0	0	0	1
	马来西亚	1	0	0	0	0	0	0	0	0	1	0	0	0
	新加坡	18	10	15	14	16	7	4	26	7	1	3	2	10
	中国台湾	5	4	2	2	0	0	0	0	0	0	0	0	1
	美国	1	0	1	0	0	0	0	0	0	0	0	7	1
	合计	146	131	111	102	145	112	67	115	106	66	78	83	105

（续）

出口方 （来源）	报告方	2000 年	2001 年	2002 年	2003 年	2004 年	2005 年	2006 年	2007 年	2008 年	2009 年	2010 年	2011 年	平均
巴西	中国	17	41	318	277	16	34	19	33	5	0	0	0	63
	中国香港	194	334	324	330	302	291	184	173	201	130	133	181	231
	中国台湾	0	0	0	0	1	1	0	0	0	0	4	4	1
	美国	1	2	0	0	0	2	0	0	0	0	0	0	0
	合计	212	377	642	607	319	328	203	206	206	130	137	185	296
加拿大	加拿大	0	0	0	0	0	0	0	0	0	0	0	0	0
	中国	4	95	52	24	31	16	4	25	0	0	0	0	21
	中国香港	135	51	139	114	141	159	81	101	58	83	42	61	97
	印度尼西亚	8	0	0	0	0	0	0	0	0	0	0	0	1
	新加坡	0	0	0	0	2	00	0	0	0	0	0	0	0
	中国台湾	14	1	1	2	0	0	0	0	0	0	0	0	2
	美国	7	7	1	0	0	0	0	2	0	1	0	0	2
	合计	168	154	193	140	174	175	85	128	58	84	42	61	122
中国	加拿大	0	0	17	11	11	6	26	3	19	21	15	5	11
	中国香港	378	363	367	745	810	413	58	3	13	30	161	12	279
	马来西亚	0	24	2	1	8	10	22	5	1	0	0	0	6
	新加坡	29	42	59	46	29	45	50	90	49	61	29	33	47
	中国台湾	0	0	22	62	27	29	23	92	127	179	155	313	86
	美国	2	1	21	0	2	0	4	5	1	6	21	12	6
	合计	409	430	488	865	887	503	183	198	210	297	381	375	436
哥斯达黎加	中国香港	186	545	358	957	543	402	357	286	327	306	342	252	405
	中国台湾	308	172	178	307	225	145	215	53	13	19	58	76	147
	中国	10	4	0	8	363	203	154	176	185	35	0	0	95
	新加坡	137	42	25	36	0	0	0	0	0	0	0	0	20
	美国	1	1	0	0	0	0	0	0	0	0	0	0	0
	加拿大	0	0	0	0	0	0	0	0	0	0	0	0	0
	合计	642	764	561	1 308	1 131	750	726	515	525	360	400	328	668
厄瓜多尔	加拿大	0	0	0	0	0	0	0	0	0	0	0	0	0
	中国	21	36	42	34	28	14	0	0	0	0	0	0	15
	中国香港	140	130	125	112	94	64	48	35	134	162	207	185	120
	新加坡	0	0	0	0	0	0	0	0	0	0	0	0	0
	中国台湾	1	0	0	0	0	0	0	0	0	0	0	0	0
	美国	2	3	0	0	0	0	0	0	0	0	0	0	0
	合计	164	169	167	146	122	78	48	35	134	162	207	185	135
中国香港	加拿大	0	0	40	38	52	79	56	50	66	111	65	39	50
	中国	55	47	188	124	71	197	147	79	22	32	7	53	85
	中国香港	1	0	0	0	0	0	1	0	0	0	0	0	0

（续）

出口方（来源）	报告方	2000 年	2001 年	2002 年	2003 年	2004 年	2005 年	2006 年	2007 年	2008 年	2009 年	2010 年	2011 年	平均
	印度尼西亚	20	13	0	0	4	3	0	0	6	0	0	0	4
	马来西亚	16	5	0	0	1	1	4	6	8	13	10	80	12
	新加坡	123	90	106	86	102	61	45	73	64	56	66	64	78
	中国台湾	82	37	31	37	51	31	2	0	0	5	1	21	25
	美国	4	2	3	1	5	7	16	20	23	11	11	15	10
	合计	301	194	368	286	286	379	271	228	189	228	160	272	264
印度	加拿大	0	0	0	0	0	0	0	0	0	0	0	0	0
	中国	214	126	230	129	151	2	4	7	0	0	6	0	72
	中国香港	432	386	351	299	302	147	107	84	117	187	151	165	227
	印度尼西亚	0	0	0	5	46	39	14	0	1	0	0	0	9
	马来西亚	0	0	0	1	7	4	9	11	10	4	8	3	5
	新加坡	89	56	59	59	96	48	43	56	34	18	22	25	50
	中国台湾	0	1	3	9	9	9	0	11	37	21	46	38	15
	美国	4	7	4	6	3	0	0	0	0	0	0	1	2
	合计	739	576	647	508	614	249	177	169	199	230	233	232	381
印度尼西亚	加拿大	0	0	0	0	0	0	0	0	0	0	0	0	0
	中国	65	357	416	594	658	468	327	106	6	2	0	0	250
	中国香港	860	794	929	848	717	620	439	747	681	776	806	602	735
	印度尼西亚	0	0	0	0	0	0	0	0	0	0	11	0	1
	马来西亚	16	18	16	10	13	9	8	21	53	198	7	14	32
	新加坡	0	0	0	66	80	55	106	60	57	47	84	51	51
	中国台湾	5	3	6	8	16	43	43	80	126	159	138	102	61
	美国	3	0	0	0	0	0	1	0	0	0	0	0	0
	合计	949	1 172	1 367	1 526	1 484	1 196	923	1 014	923	1 182	1 046	769	1 129
日本	加拿大	0	0	1	2	1	2	3	1	0	1	0	0	1
	中国	1 847	463	20	25	18	26	2	9	4	11	3	0	202
	中国香港	579	348	266	282	278	300	242	260	162	171	209	192	274
	印度尼西亚	17	3	10	27	3	113	39	0	49	1	43	10	26
	马来西亚	0	0	0	0	0	0	1	0	0	0	0	0	0
	新加坡	50	65	36	41	49	62	69	70	102	47	30	25	54
	中国台湾	22	41	2	2	1	1	1	62	4	1	0	0	11
	美国	6	6	1	0	0	0	0	0	2	0	0	0	1
	合计	2 521	926	336	379	350	504	357	402	323	232	285	227	570
墨西哥	加拿大	0	0	0	0	0	0	0	0	0	0	0	0	0
	中国	0	0	0	0	0	0	6	0	0	0	0	0	1
	中国香港	296	428	332	226	178	201	181	203	217	163	319	301	254
	马来西亚	0	0	0	0	0	0	0	0	0	0	0	0	0

（续）

出口方（来源）	报告方	2000年	2001年	2002年	2003年	2004年	2005年	2006年	2007年	2008年	2009年	2010年	2011年	平均
	新加坡	0	0	0	0	0	0	0	0	0	0	0	0	0
	中国台湾	0	0	0	0	0	1	3	0	0	0	0	0	0
	美国	7	7	3	0	0	0	0	0	0	0	0	0	1
	合计	303	435	335	226	178	202	190	203	217	163	319	301	256
新西兰	加拿大	0	0	1	0	0	1	1	0	0	0	0	0	0
	中国	0	0	3	0	0	0	0	0	0	0	0	0	0
	中国香港	27	22	55	58	79	101	82	65	80	174	153	72	81
	印度尼西亚	0	2	0	0	0	0	0	0	10	0	0	11	2
	马来西亚	0	0	0	0	0	1	0	2	0	6	3	2	1
	新加坡	20	23	20	14	41	40	33	43	1	4	3	2	20
	中国台湾	0	0	1	0	1	1	1	0	1	0	0	0	0
	美国	0	0	0	0	0	0	1	0	1	3	1	24	3
	合计	47	47	80	72	121	144	118	110	93	187	160	111	108
阿曼	中国	19	137	105	0	0	0	0	0	0	0	0	0	22
	中国香港	165	144	75	26	43	130	91	59	56	59	12	30	74
	新加坡	2	3	5	1	0	0	0	1	0	2	14	0	2
	中国台湾	1	0	0	5	3	0	1	5	0	0	0	1	1
	合计	187	284	185	32	46	130	92	65	56	61	26	31	100
巴基斯坦	中国	21	0	0	0	3	5	199	299	165	51	0	6	62
	中国香港	56	47	36	38	54	33	40	66	40	71	52	35	47
	马来西亚	0	0	0	0	0	0	5	1	0	0	0	0	1
	新加坡	57	40	36	29	19	9	13	14	1	0	1	0	18
	中国台湾	0	0	0	0	0	0	0	1	2	0	0	0	0
	合计	134	87	72	67	76	47	257	381	208	122	53	41	129
巴拿马	加拿大	0	0	1	1	0	0	0	0	1	7	5	18	3
	中国	0	20	54	18	0	0	0	0	0	0	0	0	8
	中国香港	125	108	71	71	103	114	76	70	85	47	37	26	78
	印度尼西亚	0	0	0	0	0	0	0	0	8	0	0	0	1
	新加坡	0	6	18	89	72	59	75	42	68	11	44	0	40
	中国台湾	0	0	0	0	31	10	0	53	203	237	26	5	47
	美国	0	4	0	0	4	1	7	0	0	0	0	0	1
	合计	125	138	144	179	210	184	158	165	365	302	112	49	178
秘鲁	加拿大	0	0	1	0	0	0	0	0	0	0	0	0	0
	中国	1	24	33	22	11	0	0	0	0	0	0	0	8
	中国香港	103	122	114	110	92	147	175	203	122	144	199	211	145
	印度尼西亚	2	0	0	0	0	0	0	0	0	0	0	0	0
	新加坡	0	0	0	0	0	0	1	7	1	1	1	1	1

（续）

出口方 （来源）	报告方	2000 年	2001 年	2002 年	2003 年	2004 年	2005 年	2006 年	2007 年	2008 年	2009 年	2010 年	2011 年	平均
	中国台湾	0	0	0	0	0	0	0	0	0	0	0	0	0
	美国	0	0	0	0	0	0	0	2	0	0	0	0	0
	合计	106	146	148	132	103	147	176	212	123	145	200	212	154
菲律宾	加拿大	0	0	0	0	0	1	5	5	2	4	3	2	2
	中国	0	2	116	547	907	648	3	1	513	167	0	0	242
	中国香港	47	49	90	184	327	249	61	79	73	68	35	27	107
	印度尼西亚	0	0	1	0	0	0	0	0	0	0	0	0	0
	马来西亚	0	0	9	14	11	9	14	13	7	10	7	14	9
	新加坡	1	1	23	19	23	22	28	27	23	30	28	27	21
	中国台湾	0	1	0	1	0	0	1	0	0	1	0	0	0
	美国	0	0	0	1	0	16	0	0	0	0	0	0	1
	合计	48	53	239	766	1 268	945	112	125	618	280	73	70	383
塞内加尔	加拿大	0	0	0	0	0	0	0	5	0	1	1	1	1
	中国	5	0	0	0	0	45	10	0	0	100	95	100	30
	中国香港	130	155	152	92	82	116	61	157	71	54	42	173	107
	新加坡	0	0	0	0	0	0	0	0	0	0	0	3	0
	中国台湾	8	5	3	6	8	4	1	33	1	4	0	5	7
	合计	143	160	155	98	90	165	72	195	72	159	138	282	144
新加坡	加拿大	0	0	4	3	0	0	0	0	0	0	0	0	1
	中国	631	769	1 323	1 452	1 632	857	523	237	23	40	25	0	626
	中国香港	614	326	646	841	876	1 138	818	677	1 201	938	1 201	1 495	898
	印度尼西亚	3	0	1	39	45	120	130	23	46	49	23	16	41
	马来西亚	14	8	5	4	2	2	14	3	3	17	33	2	9
	中国台湾	1	0	1	0	0	2	21	0	95	40	22	114	25
	美国	0	2	5	0	0	0	0	0	0	0	0	0	1
	合计	1 263	1 105	1 985	2 339	2 555	2 119	1 506	940	1 368	1 084	1 304	1 627	1 600
南非	加拿大	0	0	1	0	0	0	0	0	0	0	0	5	1
	中国	10	58	124	140	138	2	0	0	0	0	0	0	39
	中国香港	204	114	212	168	96	106	136	75	183	173	110	83	138
	马来西亚	0	0	0	0	0	0	0	2	0	0	0	0	0
	新加坡	5	3	1	0	0	0	6	0	0	0	5	0	2
	中国台湾	1	0	0	0	0	0	0	5	3	1	0	1	1
	美国	0	0	0	0	0	0	0	0	0	0	0	0	0
	合计	220	175	338	308	234	108	142	82	186	174	115	89	181
西班牙	加拿大	0	0	0	0	0	8	7	5	8	7	6	9	4
	中国	1 469	779	382	37	87	139	8	194	472	150	0	0	310
	中国香港	3 159	3 136	3 353	3 454	2 579	2 676	2 909	3 188	2 647	2 536	2 054	2 460	2 846

（续）

出口方（来源）	报告方	2000年	2001年	2002年	2003年	2004年	2005年	2006年	2007年	2008年	2009年	2010年	2011年	平均
	印度尼西亚	49	0	0	0	0	0	0	0	26	26	0	28	11
	马来西亚	0	0	25	0	0	0	0	0	0	0	0	0	2
	新加坡	4	69	253	178	106	599	694	1 107	4	9	2	48	256
	中国台湾	5	23	41	0	21	72	155	84	37	47	94	166	62
	美国	0	0	0	0	0	0	0	0	0	0	0	0	0
	合计	4 686	4 007	4 054	3 669	2 793	3 494	3 773	4 578	3 194	2 775	2 156	2 711	3 491
中国台湾	加拿大	0	0	0	0	0	0	0	0	0	0	0	0	0
	中国大陆	37	0	78	376	637	679	1 127	1 156	273	117	1	1	374
	中国香港	1 054	1 108	1 053	1 326	1 150	772	1 254	1 330	991	716	922	1 006	1 057
	马来西亚	1	0	0	0	0	0	0	0	0	0	0	1	0
	新加坡	51	35	75	290	311	214	174	152	148	90	94	113	146
	美国	0	0	0	0	0	0	18	0	0	0	0	0	2
	合计	1 143	1 143	1 206	1 992	2 098	1 665	2 573	2 638	1 412	923	1 017	1 121	1 578
泰国	加拿大	0	0	0	0	0	0	0	0	0	0	0	0	0
	中国大陆	0	0	0	0	0	0	0	0	0	0	0	0	0
	中国香港	42	33	27	39	14	26	13	8	19	25	33	92	31
	印度尼西亚	0	0	0	0	2	0	72	38	24	0	96	0	20
	马来西亚	0	1	0	2	708	762	872	1 045	1 065	1 050	1 200	1 237	662
	新加坡	16	35	59	76	63	55	35	47	43	29	29	51	45
	中国台湾	13	3	0	0	0	0	0	0	14	17	31	72	13
	合计	71	72	86	117	789	843	992	1 138	1 165	1 121	1 389	1 452	770
特立尼达和多巴哥	加拿大	0	0	1	0	0	0	1	3	5	19	2	4	3
	中国香港	24	5	1	7	0	7	22	7	103	182	127	333	68
	中国台湾	0	0	0	0	16	0	15	70	91	91	124	27	36
	美国	0	0	0	0	0	0	0	0	0	0	0	0	0
	合计	24	5	2	7	16	7	38	80	199	292	253	364	107
阿联酋	加拿大	0	0	0	0	0	0	0	0	0	0	0	0	0
	中国	0	2	0	0	0	8	0	0	0	0	0	0	1
	中国香港	536	378	554	510	407	509	408	477	511	459	499	441	474
	印度尼西亚	0	0	0	0	14	0	0	0	0	0	0	0	1
	马来西亚	0	0	0	0	0	0	0	0	0	0	0	0	0
	新加坡	9	23	2	6	2	5	1	2	0	0	1	1	4
	中国台湾	0	0	0	0	0	0	0	0	8	0	0	0	1
	合计	545	403	556	516	423	522	409	487	511	459	500	442	481
美国	加拿大	0	0	11	8	2	14	12	16	10	7	1	3	7

附录1 2000—2011年部分国家和地区鱼翅出口量估算

（续）

出口方（来源）	报告方	2000年	2001年	2002年	2003年	2004年	2005年	2006年	2007年	2008年	2009年	2010年	2011年	平均
	中国	2	0	0	0	0	0	0	0	0	0	47	0	4
	中国香港	506	169	315	289	281	235	176	175	251	186	251	291	260
	印度尼西亚	0	0	0	0	0	1	0	0	0	0	0	0	0
	马来西亚	4	1	3	3	1	1	0	1	0	0	0	0	1
	新加坡	50	0	12	3	8	0	0	2	0	0	0	1	6
	中国台湾	21	0	0	1	0	0	0	0	4	0	0	0	2
	合计	583	170	341	304	292	251	188	194	265	193	299	295	281
乌拉圭	中国	0	0	0	0	0	0	0	0	3	4	0	0	1
	中国香港	118	61	111	69	109	47	51	44	39	48	30	33	63
	新加坡	0	17	26	16	182	328	328	104	10	0	0	1	84
	中国台湾	6	0	15	0	61	1	0	0	0	0	0	11	8
	合计	124	78	152	85	352	376	379	148	52	52	30	45	156
也门	中国	0	0	0	0	0	8	34	185	278	0	0	0	42
	中国香港	350	225	118	107	56	83	219	278	228	216	422	333	220
	印度尼西亚	0	0	1	4	2	1	0	0	0	0	0	0	1
	新加坡	23	43	133	112	98	89	89	94	123	44	9	14	73
	中国台湾	0	0	0	1	0	0	9	3	10	0	0	0	2
	合计	373	268	252	224	156	181	351	560	639	260	431	347	337
全球	加拿大	0	0	91	66	68	112	112	94	118	184	107	103	88
	中国	4 613	3 129	3 555	3 818	4 770	3 416	2 662	2 546	2 019	732	182	161	2 634
	中国香港	11 475	10 472	10 964	12 458	11 088	10 395	9 365	10 192	9 950	9 356	9 873	10 293	10 490
	印度尼西亚	127	41	46	144	193	332	293	84	220	151	249	101	165
	马来西亚	57	66	65	36	849	843	1 036	1 197	1 197	1 331	1 345	1 433	788
	新加坡	1 170	912	1 416	1 431	1 593	1 933	2 044	2 162	848	574	591	595	1 272
	中国台湾	498	398	310	480	525	434	711	573	796	978	1 157	1 260	677
	美国	66	51	39	11	14	27	47	29	29	21	34	58	36
	合计	18 006	15 069	16 486	18 444	19 100	17 492	16 270	16 877	15 177	13 327	13 538	14 004	16 149

附录2 2000—2011 年部分国家和地区鱼翅进口量估算

进口量由中国内地（大陆）、中国香港、印度、印度尼西亚、马来西亚、新加坡、泰国、中国台湾、美国等国家和地区的统计局或海关部门报告的出口量估算而来。数量没有调整冷冻鱼翅的含水量。

出口资料来源（申报国家和地区）：

中国内地（大陆）：中国海关总署；

中国香港：香港特区政府统计处；

印度：印度商务部；

印度尼西亚：印度尼西亚统计局；

马来西亚：马来西亚统计局；

新加坡：新加坡国际企业发展局；

中国台湾：台湾"海关总署"；

泰国：泰国海关；

美国：美国商务部统计局。

附表2 2000—2011 年部分国家和地区估算的鱼翅进口数据

单位：t

进口方（目的地）	报告方	2000 年	2001 年	2002 年	2003 年	2004 年	2005 年	2006 年	2007 年	2008 年	2009 年	2010 年	2011 年	平均
澳大利亚	中国香港	7	6	4	3	4	3	2	3	3	2	3	3	4
	印度	0	0	0	0	0	0	0	0	0	2	0	0	0
	印度尼西亚	0	2	0	0	0	7	7	0	0	0	0	2	2
	马来西亚	0	0	0	0	0	0	0	0	0	0	0	0	0
	新加坡	0	0	3	1	1	0	1	3	0		1	2	1
	中国台湾	0	0	1	0	0	1	0	1	0	0	6	0	1
	泰国	0	0	0	0	0	2	0	1 099	242	281	266	284	181
	美国	0	0	0	0	0	0	0	0	1	0	0	0	0
	合计	7	8	8	4	5	13	10	1 106	246	286	276	291	188
中国	中国香港	7 270	6 044	8 452	8 633	7 952	6 274	5 096	4 790	4 307	2 984	1 031	1 257	5 341
	印度	1	1	10	0	1	0	9	0	0	4	0	0	2
	印度尼西亚	1	0	9	27	0	4	48	67	1	95	82	5	28
	马来西亚	0	0	2	0	1	0	0	0	0	0	0	0	0
	新加坡	53	42	48	2	1	0	247	186	39	2	5	4	52

附录 2　2000—2011 年部分国家和地区鱼翅进口量估算

(续)

进口方（目的地）	报告方	2000年	2001年	2002年	2003年	2004年	2005年	2006年	2007年	2008年	2009年	2010年	2011年	平均
	中国台湾	0	0	7	4	18	213	168	184	149	242	84	114	99
	泰国	0	0	0	0	0	0	0	59	138	123	143	105	47
	美国	131	0	0	0	16	2	0	0	1	3	2	5	13
	合计	7 456	6 087	8 528	8 666	7 989	6 493	5 568	5 286	4 635	3 453	1 347	1 490	5 583
中国香港	中国	1 907	1 611	1 708	2 076	2 351	1 179	419	416	268	231	194	232	1 049
	印度	204	142	168	147	45	64	66	64	56	70	77	45	96
	印度尼西亚	297	299	332	390	428	404	373	463	332	455	441	356	381
	马来西亚	11	1	10	1	3	1	4	4	21	8	20	0	7
	新加坡	666	267	530	509	718	1 025	1 003	826	439	211	294	161	554
	中国台湾	1 020	1 027	874	1 177	1 242	927	809	666	569	504	757	752	860
	泰国	55	40	18	17	17	31	7	1 322	198	235	108	115	180
	美国	204	307	362	38	61	57	42	32	30	71	39	29	106
	合计	4 364	3 694	4 002	4 355	4 865	3 688	2 723	3 793	1 913	1 785	1 930	1 690	3 234
印度尼西亚	中国香港	2	9	0	6	4	4	0	0	6	0	0	0	3
	印度	0	0	0	26	14	8	0	0	0	0	0	0	4
	马来西亚	0	0	0	1	11	3	92	129	84	53	110	222	59
	新加坡	0	0	0	110	125	145	133	140	40	9	15	19	61
	中国台湾	0	3	0	1	1	0	0	0	0	0	0	0	0
	泰国	0	0	0	0	0	0	0	2	426	24	1	0	38
	美国	0	0	0	0	0	0	0	0	0	0	0	0	0
	合计	2	12	0	144	155	160	225	271	556	86	126	241	165
日本	中国	108	55	84	91	85	155	85	86	102	108	77	92	94
	中国香港	414	108	108	98	126	141	315	247	225	186	214	214	200
	印度	78	93	8	0	8	0	0	0	0	0	0	0	16
	印度尼西亚	87	20	100	226	277	822	485	146	882	281	88	92	292
	新加坡	1	8	1	81	18	79	19	126	1	2	0	1	28
	中国台湾	68	37	92	1	2	13	4	3	91	45	42	33	36
	泰国	0	0	0	0	0	0	1	3 841	2 375	2 516	3 231	3 802	1 314
	美国	0	1	2	2	0	0	2	0	4	0	0	0	1
	合计	756	322	395	499	516	1 210	911	4 449	3 678	3 138	3 652	4 234	1 980
马来西亚	中国	0	5	1	0	0	0	0	0	0	0	1	0	1
	中国香港	52	15	6	15	22	13	16	17	16	14	12	14	18
	印度	0	0	0	3	2	1	0	4	1	0	1	1	1
	印度尼西亚	182	17	54	377	26	30	18	28	25	136	101	111	92

（续）

进口方 （目的地）	报告方	2000年	2001年	2002年	2003年	2004年	2005年	2006年	2007年	2008年	2009年	2010年	2011年	平均
	新加坡	124	80	95	72	75	87	54	84	42	38	32	31	68
	中国台湾	9	0	17	1	1	0	0	0	0	0	6	2	3
	泰国	1	1	2	2	1	0	0	156	6	3	61	88	27
	美国	0	2	0	0	0	0	0	0	0	0	0	0	0
	合计	368	120	175	470	127	131	88	289	90	191	214	247	209
墨西哥	中国香港	0	0	0	0	0	0	0	9	5	0	0	0	1
	印度	0	0	0	0	0	0	0	0	6	0	0	0	1
	泰国	0	0	0	0	0	0	0	1 331	0	0	0	0	111
	美国	0	3	8	1	2	1	0	0	0	0	0	0	1
	合计	0	3	8	1	2	1	0	1 340	11	0	0	0	114
缅甸	中国香港	0	0	0	0	0	0	0	0	0	0	0	0	0
	新加坡	0	0	0	0	0	0	0	0	0	0	0	0	0
	泰国	0	0	0	0	0	0	0	41	2	119	813	598	131
	合计	0	0	0	0	0	0	0	41	2	119	813	598	131
韩国	中国大陆	1	2	0	0	0	8	3	1	0	14	17	6	4
	中国香港	56	50	48	35	35	42	53	66	63	37	46	54	49
	印度尼西亚	0	1	17	37	11	11	0	6	6	10	10	9	10
	马来西亚	0	0	0	2	7	6	2	8	3	0	1	1	3
	新加坡	0	2	0	1	0	0	1	3	0	0	0	0	1
	中国台湾	0	0	0	0	1	0	0	0	0	0	2	2	0
	泰国	0	0	0	0	0	0	0	200	38	109	244	179	64
	美国	0	0	13	1	0	0	0	0	0	0	0	0	1
	合计	57	55	78	76	54	67	59	284	110	170	320	251	132
俄罗斯	中国	0	0	0	0	0	0	0	0	0	0	0	0	0
	中国香港	0	0	0	0	0	0	0	0	0	0	0	0	0
	泰国	0	0	0	0	0	0	0	1 543	74	185	967	1 209	332
	合计	0	0	0	0	0	0	0	1 543	74	185	967	1 209	332
新加坡	中国	30	18	20	27	30	35	48	27	18	27	25	22	27
	中国香港	72	98	105	75	52	219	61	84	70	155	116	120	102
	印度	115	91	61	66	42	36	22	17	25	13	16	10	43
	印度尼西亚	172	73	164	89	116	111	122	82	61	184	108	273	130
	马来西亚	9	2	5	2	65	5	7	87	312	258	32	39	69
	中国台湾	5	12	65	92	44	81	59	108	66	163	236	147	90
	泰国	7	9	13	9	9	10	6	455	255	237	234	273	126

（续）

进口方（目的地）	报告方	2000年	2001年	2002年	2003年	2004年	2005年	2006年	2007年	2008年	2009年	2010年	2011年	平均
	美国	14	0	0	0	0	0	0	0	0	0	0	0	1
	合计	424	303	433	360	358	497	325	860	807	1 037	767	884	588
中国台湾	中国	2	0	0	1	0	21	14	16	5	0	0	21	7
	中国香港	116	46	79	82	183	152	51	118	154	180	221	328	143
	印度尼西亚	407	7	13	25	8	36	7	5	5	79	279	11	74
	马来西亚	0	0	0	0	0	0	0	1	2	1	0	0	0
	新加坡	75	141	162	99	122	79	229	251	75	18	28	7	107
	泰国	3	6	0	0	1	0	0	343	347	330	190	118	112
	美国	0	9	4	1	1	0	0	0	0	0	0	0	1
	合计	603	209	258	208	315	288	301	734	588	608	718	485	443
泰国	中国	0	0	0	0	0	0	0	0	2	2	0	2	1
	中国香港	62	48	22	66	83	79	71	54	55	21	41	58	55
	印度	0	0	8	0	8	0	0	0	1	1	0	0	2
	印度尼西亚	0	0	11	2	0	0	0	4	9	10	3	20	5
	马来西亚	0	6	3	2	2	0	4	2	9	12	10	10	5
	新加坡	23	10	17	14	7	13	9	10	7	9	10	8	11
	中国台湾	0	2	0	0	0	0	0	0	0	0	0	0	0
	美国	17	0	0	0	9	0	0	0	0	0	0	0	2
	合计	102	66	61	84	109	92	84	70	83	55	64	98	81
美国	中国	4	0	0	0	0	0	0	0	0	0	0	0	0
	中国香港	41	37	43	49	34	53	70	45	50	30	29	36	43
	印度	39	16	5	3	0	0	20	4	2	1	0	0	8
	印度尼西亚	0	0	17	0	0	7	0	0	0	1	0	0	2
	马来西亚	0	0	0	0	0	0	1	0	0	0	0	0	0
	新加坡	7	4	6	2	1	0	0	0	0	0	0	0	2
	中国台湾	3	3	10	11	13	5	6	12	12	3	10	8	8
	泰国	0	0	0	0	0	0	0	951	169	466	294	522	200
	合计	94	60	81	65	48	65	97	1 012	233	501	333	566	263
越南	中国香港	0	7	0	0	7	58	93	152	227	1 136	3 218	1 176	506
	印度	0	0	0	0	0	1	0	0	0	0	0	0	0
	印度尼西亚	1	0	0	0	0	0	0	0	0	235	1 240	572	171
	马来西亚	0	0	0	0	0	0	0	0	1	0	0	0	0
	新加坡	4	9	0	2	0	18	56	36	13	0	2	0	12
	中国台湾	3	0	0	0	0	0	0	0	0	0	0	0	0

（续）

进口方（目的地）	报告方	2000年	2001年	2002年	2003年	2004年	2005年	2006年	2007年	2008年	2009年	2010年	2011年	平均
	泰国	2	4	0	0	0	0	0	5	1	1	0	0	1
	合计	10	20	0	2	7	77	149	193	242	1 372	4 460	1 748	690
全球	中国	2 065	1 691	1 814	2 198	2 473	1 398	571	552	394	382	314	489	1 195
	中国香港	8 167	6 548	8 934	9 120	8 560	7 132	5 963	5 670	5 300	4 875	5 043	3 354	6 556
	印度	481	345	271	253	207	135	140	91	113	91	113	76	193
	印度尼西亚	1 166	479	771	1 288	943	1 554	1 073	801	1 320	1 641	2 591	1 795	1 285
	马来西亚	20	10	20	9	163	17	120	365	459	347	200	298	169
	新加坡	967	628	990	940	1 126	1 538	1 862	1 690	677	297	390	239	945
	中国台湾	1 123	1 084	1 068	1 287	1 323	1 241	1 048	1 015	916	975	1 145	1 065	1 108
	泰国	70	61	34	29	29	44	18	13 188	4 742	5 005	7 142	7 723	3 174
	美国	366	335	441	49	93	65	49	36	37	77	42	38	136
	合计	14 425	11 181	14 343	15 173	14 917	13 124	10 844	23 408	13 958	13 690	16 980	15 077	14 760

附录 3 国家和地区贸易数据来源

附表 3 国家和地区贸易数据来源

单位：t

国家和地区	数据来源	估价	
		出口	进口
阿根廷	阿根廷统计局	FOB	CIF
巴西	巴西外贸秘书处	FOB	FOB
加拿大	加拿大统计局	FOB	FOB
智利	智利海关总署	FOB	CIF
中国	中国海关总署	FOB	CIF
中国香港	香港特区政府统计处	FOB	CIF
哥斯达黎加	哥斯达黎加统计局	FOB	CIF
法国	法国统计局	FOB	CIF
印度	印度商务部	FOB	CIF
印度尼西亚	印度尼西亚统计局	FOB	CIF
意大利	意大利统计局	FOB	CIF
日本	日本财务省	FOB	CIF
马来西亚	马来西亚统计局	FOB	CIF
墨西哥	墨西哥统计局	FOB	FOB
新西兰	新西兰统计局	FOB	VFD
巴拿马	巴拿马总审计署	FOB	CIF
新加坡	新加坡国际企业发展局	FOB	CIF
韩国	韩国海关和贸易发展局	FOB	CIF
西班牙	西班牙税务局	FOB	CIF
中国台湾	台湾"海关总署"	FOB	CIF
泰国	泰国海关总署	FOB	CIF
美国	美国商务部统计局	FOB	CV
乌拉圭	乌拉圭中央银行	FOB	CIF

注：FOB 为离岸价，CIF 为到岸价，VFD 为关税价，FAS 为船边交货价，CV 为实际支付价。

致谢

本书的出版感谢 Stefania Vannuccini、渔业统计员、FAO 渔业和水产养殖统计和信息部门提供全球贸易数据，并就许多需要澄清的相关问题提供意见。特别感谢 FAO 渔业和水产养殖资源利用和养护部门高级渔业资源干事 Johanne Fischer 和 FAO 海洋和内陆渔业部门的 Monica Barone，在出版前提出宝贵建议和对文本进行审查。

作者对 IUCN 以 Nick Dulvy 和 Colin Simpfendorfer 博士为首的鲨鱼专家组表示特别感谢，他们协助编制 40 多个国家和地区的鱼翅、鲨鱼肉（鳐和虹）、鲨鱼肝脏或鱼肝油、鲨鱼皮（鳐和虹）、软骨、颚、蝠鲼鳃耙等产品的贸易和利用信息。感谢以下专家的贡献：K. V. Akhilesh、Ahmad Ali、Michel Bariche、Lewis Barnett，Michael Bennett，Jennifer Bigman、Joseph Bizzarro、Massimiliano Bottaro、Mohamed Nejmeddine Bradai、Carlos Bustamante、Lamine Camara、Steven Campana、Christian Capapé、Massimiliano Cardinale、John Carlson、Paula Carlson、Demian Chapman、Patricia Charvet、Andrew Chin、Rui Coelho、Joao Correia Aurelie Cosandey–Godin、Charlene da Silva、Abdou daïm Dia、Andrey Dolgov、Andres Domingo、Michel Dreyfus Leon、William Driggers、Lahai Duramany Seisay、David Ebert、Igbal Elhassan、Jim Elli、Fahmi、Edward Farrell、Daniel Fernando、Sonja Fordham、Sarah Fowler、Malcolm Francis、Alastair Harry、Hsuan–Ching Ho、Nigel Hussey、Charlie Huveneers、Atsushi Kano、Vassen Kauppaymuthoo、Papa Kebe、Jackie King、David Kulka、Ruth Leeney、Chris Lowe、Alistair MacFarlane、Andrea Marshall、Rory McAuley、Santiago Montealegre Quijano、Alec Moore、Iago Mosqueira Sanchez、Johann Mourier、Alexey Orlov、Victor Peddemors、Simon Pierce、Francois Poissson、Cassie Rigby、Evgeny Romanov、Melita Samoilys、Fabrizio Serena、Bernard Séret、Mahmood Shivji、Colin Simpfendorfer、Salvador Siu、Alen Soldo、Oscar Sosa–Nishizaki、Matthias F. W. Stehmann、James Sulikowski、Sho Tanaka、Tooraj Valinassab、Oumar Hamet Wagne、Yamin Wang、William White、Sabine Wintner、Yue Yao 和 Heike Zidowitz。他们以个人身份提供信息，所表达的意见并不代表其所在机构。

参考文献

CAMHI M D, VALENTI S V, FORDHAM S V, et al. , 2009. The conservation status of pelagic sharks and rays: Report of the IUCN Shark Specialist Group pelagic shark red list workshop [R]. Newbury: IUCN Species Survival Commission Shark Specialist Group.

CARSON D, 2013. The shark fin agenda [J]. Seafood New Zealand, 21 (6): 6 - 11.

CLARKE S, 2004. Understanding pressure on fisheries resources through trade statistics: A pilot study of four products in the Chinese dried seafood market [J]. Fish and fisheries, 5: 53 - 74.

CLARKE S, 2005. Trade in shark products in Singapore, Malaysia and Thailand [R]. Singapore: Southeast Asian Development Center and ASEAN.

CLARKE S, MILNER - GULLAND E J, BJØRNDAL T, 2007. Social, economic, and regulatory drivers of the shark fin trade [J]. Marine resource economics, 22: 305 - 327.

CLARKE S, YOKAWA K, MATSUNAGA H, et al. , 2011. Analysis of North Pacific shark data from Japanese commercial longline and research/training vessel records [R]. Nouméa: Cretariat of the Pacific Community.

EILPERIN J, 2011. Demon fish: Travels through the hidden world of sharks [M]. New York: Random House.

ERIKSSON H, CLARKE S, 2015. Chinese market responses to overexploitation of sharks and sea cucumbers [J]. Biological conservation, 184: 163 - 173.

FABINYI M, 2012. Historical, cultural and social perspectives on luxury seafood consumption in China [J]. Environmental conservation, 39 (1): 83 - 92.

GILLETT R, 2011. Bycatch in small - scale tuna fisheries: A global study [R]. Rome: FAO.

GILMAN E, CLARKE S, BROTHERS N, et al. , 2007. Strategies to reduce shark depredation and unwanted bycatch in pelagic longline fisheries: Industry practices and attitudes, and shark avoidance strategies [R]. Honolulu: Western Pacific Regional Fishery Management Council.

Inter - American Tropical Tuna Commission, 2011. Stock assessment of silky shark in the Eastern Pacific Ocean [R]. La Jolla: IATTC.

LAM V Y, SADOVY DE MITCHESON Y, 2011. The sharks of South East Asia - unknown, unmonitored and unmanaged [J]. Fish and fisheries, 12 (1): 51 - 74.

LI W, WANG Y, NORMAN B, 2012. A preliminary survey of whale shark rhincodon typus catch and trade in China: An emerging crisis [J]. Journal of fish biology, 80 (5): 1608 - 1618.

MOHANRAJ S, RAJAPACKIAM S, MOHAN S, et al. , 2009. Status of elasmobranchs fishery in Chennai, India [J]. Asian fisheries science, 22: 607 - 615.

MOORE A B, 2012. Elasmobranchs of the Persian (Arabian) Gulf: Ecology, human aspects and research priorities for their improved management [J]. Reviews in fish biology and fisheries, 22 (1): 35 - 61.

NAKAMURA Y, 2004. Memoranda in search of sharks marketing across Japan [J]. Japanese society for e-lasmobranch studies, 40: 59 - 68.

OKAMOTO H, 2004. Search for the Japanese tuna fishing data before and just after World War II [J]. Bulletin of the fisheries research agency, 13: 15 - 34.

ROSE D A, 1998. Shark fisheries and trade in the Americas, Volume I: North America [R]. Washington D C: TRAFFIC North America.

SOSA - NISHIZAKI O, MÁRQUEZ - FARIAS J F, VILLAVICENCIO - GARAYZAR C J, 2008. Case study: Pelagic shark fisheries along the west coast of Mexico [M]. Oxford: Blackwell Publishing.

Southeast Asian Fisheries Development Center, 2006. Report on the study on shark production, utilization and management in the ASEAN region, 2003—2004 [R]. Bangkok: SEAFDEC.

VANNUCCINI S, 1999. Shark utilization, marketing and trade [R]. Rome: FAO.

VERLECAR X N, SNIGDHA S R, DESAI S R, et al., 2007. Shark hunting: An indiscriminate trade endangering elasmobranchs to extinction [J]. Current science, 92 (8): 1078 - 1082.

VIVEKANANDAN V, 2001. An ill thought ban [J]. Samudra, 30: 3 - 10.

WANG Z Q, 2013. Seafood businesses flounder amid cut in luxury spending [N]. China Daily, 2013 - 07 - 14.

图书在版编目（CIP）数据

全球鲨鱼产品市场 /（爱尔兰）菲利克斯·登特，
（日）雪莉·克拉克编著；杨林林，李惠玉，徐强强编译
. —北京：中国农业出版社，2023.10
书名原文：State of the global market for shark
products
ISBN 978 - 7 - 109 - 30796 - 4

Ⅰ.①全…　Ⅱ.①菲…　②雪…　③杨…　④李…　⑤徐
…　Ⅲ.①鲨鱼－水产品市场－研究－世界　Ⅳ.
①F316.4

中国国家版本馆 CIP 数据核字（2023）第 110790 号

全球鲨鱼产品市场

QUANQIU SHAYU CHANPIN SHICHANG

中国农业出版社出版
地址：北京市朝阳区麦子店街 18 号楼
邮编：100125
责任编辑：杨晓改　　文字编辑：戈晓伟
版式设计：王　晨　　责任校对：史鑫宇
印刷：北京通州皇家印刷厂
版次：2023 年 10 月第 1 版
印次：2023 年 10 月北京第 1 次印刷
发行：新华书店北京发行所
开本：787mm×1092mm　1/16
印张：9.25
字数：220 千字
定价：198.00 元